Ges~~i~~ ~~u~~ption in **Nigeria**

Zekeri Momoh

Gesichter der Korruption in Nigeria

Zweite Auflage

ScienciaScripts

This book is a translation from the original published under ISBN 978-620-6-15144-9.

Publisher:
Sciencia Scripts
is a trademark of
Dodo Books Indian Ocean Ltd. and OmniScriptum S.R.L publishing group

120 High Road, East Finchley, London, N2 9ED, United Kingdom
Str. Armeneasca 28/1, office 1, Chisinau MD-2012, Republic of Moldova, Europe

ISBN: 978-620-7-00951-0

GESICHTER DER KORRUPTION IN NIGERIA

Zweite Auflage

DEDICATION

Dieses Buch ist den folgenden Persönlichkeiten gewidmet: meinem verstorbenen älteren Bruder Aliyu Orobo Momoh, meiner geliebten Mutter, der verstorbenen Frau Abibatu Yakubu Momoh, und dem verstorbenen Herrn Isah Isaiah Momoh, die alles, was sie hatten, aufbrachten, um mir eine Universitätsausbildung zu ermöglichen, und deren Ableben ein Vakuum in meinem Herzen hinterließ. Außerdem widme ich dieses Buch den Nigerianern, die unter der einen oder anderen Form der Korruption gelitten haben, und schließlich den Nigerianern, die bewusst hart daran arbeiten, die Korruption im Land zu bekämpfen.

DANKSAGUNGEN

Ich möchte Prof. Aremu Fatai, Department of Political Science, University of Ilorin, Ilorin Kwara State Nigeria, danken, mit dem ich mehrere Diskussionen über dieses Buch geführt habe, bevor es schließlich in Angriff genommen wurde, und der sich die Zeit nahm, den ersten Entwurf des Manuskripts zu lesen und sehr nützliche Vorschläge machte und das Vorwort zu diesem Buch schrieb.

Die Unterstützung von Frau Margaret Oyekan werde ich so schnell nicht vergessen, denn ihre moralischen und intellektuellen Beiträge zu diesem Buch werden mir in Erinnerung bleiben. Auch meine Freunde und Kollegen, darunter Herr Solomon John, Herr Ata-Awaji Anthony Reuben, Herr Emmanuel Chinanuife, Herr Ele-Ojo Jeremiah Idoko, Nigeria werden nicht so schnell vergessen werden.

Ich möchte diese Gelegenheit nutzen, um Frau Vera Johnson, Frau Grace Ali Dayuru, Pastor Oko Igado und Pastorin Mary Igado zu danken, mit denen ich mehrere Diskussionen über das Buch geführt habe und die mir sehr nützliche intellektuelle Anregungen gegeben haben und die sehr zur Erweiterung meines intellektuellen Horizonts beigetragen haben.

Die moralische Unterstützung meiner Freunde, Mitarbeiter und Genossen, die zu zahlreich sind, um sie hier zu nennen, aber insbesondere Obidi, Joseph Anagba, Solomon John, Fagbamila, Akinwumi Samuel, Mr. Godfrey Igumbor und John Cephas Molwat haben mir bei der Abfassung dieses Buches geholfen.

Außerdem möchte ich den Mitgliedern meiner Familie, insbesondere Herrn Usman Momoh, Herrn Yakubu J. Momoh, Herrn John Wambebe Momoh, Frau Grace Momoh und Herrn Samuel Momoh für ihre moralische Unterstützung danken. Meinen Kindern Favour Momoh, Victor Momoh und Michael Momoh, die mich dazu brachten, die zweite Auflage dieses Buches zu veröffentlichen.

Abschließend möchte ich mich bei denjenigen bedanken, die auf die eine oder andere Weise zum Gelingen dieses Buches beigetragen haben und die ich in diesem Buch nicht erwähnt habe - Gott segne Sie.

Inhaltsübersicht

VORWORT ZUR ZWEITEN AUFLAGE

Gesichter der Korruption in Nigeria bietet eine nuancierte Auseinandersetzung mit einem äußerst heiklen und hartnäckigen Thema in der nigerianischen Politik. Ein flüchtiger Blick in die Nachrichtenmedien zeigt, dass es kaum eine Ausgabe gibt, in der das Thema Korruption nicht auftaucht, in den meisten Fällen entweder in den Schlagzeilen oder zumindest auf den Titelseiten. Ein weiterer interessanter Indikator für die Allgegenwärtigkeit der Korruption im sozialen Gefüge der nigerianischen Gesellschaft ist vielleicht die Tatsache, dass Korruptionsfälle bei informellen gesellschaftlichen Anlässen als Teil der faszinierenden Diskussionen, die solche Zusammenkünfte oft bunt und attraktiv machen, nur neben dem Fußball auftauchen. Die rasch zunehmende Häufigkeit, Stärke und Vielfalt der Korruptionsfälle hat die intellektuellen, rechtlichen und institutionellen Konzepte überholt, mit denen die Geißel mit den Hydraköpfen in Schach gehalten werden soll.

Trotz der Verabschiedung von Gesetzen zur Bekämpfung der Korruption und des Beitritts zum Übereinkommen der Vereinten Nationen gegen Korruption (UNCAC) sowie der Einrichtung verschiedener Institutionen, die speziell mit der Korruptionsbekämpfung betraut sind (wie ICPC, EFCC usw.), scheint Nigeria einen steilen Abhang hinunter in das Meer der korrupten Praktiken zu rutschen. Transparency International (TI) stuft Nigeria trotz der angeblichen Unzulänglichkeiten seiner Methodik immer wieder als eines der korruptesten Länder der Welt ein. Es stellt sich also die Frage, warum Nigeria auf dem Korruptionswahrnehmungsindex (Corruption Perception Index, CPI) so schlecht abschneidet, obwohl es robuste intellektuelle, rechtliche und institutionelle Mechanismen gibt, die die Korruption in Schach halten sollen. Warum hat sich das Phänomen den Abhilfemaßnahmen widersetzt? Wie kann Nigeria die hartnäckige Malaise überwinden? Dies sind einige der Fragen, die in "Faces of Corruption in Nigeria" untersucht werden, was das Buch zu einer interessanten und nützlichen Lektüre für alle macht, die an einem starken, wohlhabenden und friedlichen Nigeria interessiert sind.

Durch die Kombination einer soliden theoretischen Grundlage mit reichhaltigen empirischen Daten, die aus einer Vielzahl zeitgenössischer Fälle stammen, bringt Zekeri Momoh provokante Ideen und prägnante Perspektiven auf die kaleidoskopische Korruptionslandschaft in den Vordergrund. Auf der Ebene der Methodik verbindet die Autorin Innovation mit Konvention, indem sie Diskursanalyse und interpretative Methoden einsetzt, was die Leser wahrscheinlich fesselnd finden werden. Die Studie stellt somit einen bedeutenden theoretischen, empirischen und methodischen Beitrag zum Verständnis eines Themas dar, das jeden betrifft, der etwas mit diesem potenziell großartigen Land Nigeria zu tun hat!

Aremu Fatai Ayinde PhD
Professor für Politikwissenschaft,
Abteilung für Politikwissenschaft,
Universität von Ilorin,
Ilorin, Nigeria.

VORWORT DER ERSTEN AUSGABE

Die Bedrohung durch Korruption in Nigeria bzw. in jedem anderen Land ist der Hauptfaktor, der für die langsame oder gar keine Entwicklung in der Gesellschaft verantwortlich gemacht wird. Seit der Unabhängigkeit im Jahr 1960 bis heute ist es offensichtlich, dass die Schwere, das Ausmaß, die Form und die Dimension der Korruption in Nigeria zugenommen und sich verändert haben. Während die Bevölkerung des Landes schnell wächst (170 Millionen Menschen, Stand 2012), nimmt auch die Korruption in der Bevölkerung zu. Relativ gesehen hat Korruption jedoch nichts mit der Größe der Bevölkerung zu tun, d. h. wenn die Bevölkerung groß ist, wird sie auch korrupt sein. Es handelt sich vielmehr um ein strukturelles Problem, das alle Systeme, Institutionen und Organisationen infiziert. In einigen Ländern gilt: Je größer die Bevölkerung, desto weniger Korruption, insbesondere Korruption im großen Stil. Das bedeutet, dass korrupte Praktiken in einem Land akzeptiert, normalisiert und institutionalisiert werden können und ihr Ausmaß leicht an den hohen Kosten offizieller und inoffizieller Geschäfte abzulesen ist (z. B. an der Menge an Geld, Zeit, Material und anderen Ressourcen, die ausgegeben oder benötigt werden). In der Tat ist die Korruption in all ihren Verästelungen sehr zersetzend, da sie das Vertrauen der Investoren in die Wirtschaft untergräbt und somit ausländische Direktinvestitionen und andere lokale Geschäftsinitiativen vertreibt.

Korruption tritt auf individueller, familiärer, kommunaler oder nationaler Ebene auf; sie ist persönlich, institutionell und systemisch. Um eine Gesellschaft von der Korruption zu befreien, müssen die Bemühungen auf diesen Ebenen ansetzen und gezielt sein. Korruption ist ein Krebsgeschwür, das Moral und Energie abtötet, ganz gleich, ob sie im Großen oder im Kleinen stattfindet. Geschicklichkeit, Fachwissen, Kreativität und Engagement für gerechte Zwecke. Ein Land, das vom Krebsgeschwür der Korruption befallen ist, kann seine Bürger nicht voll zur Entfaltung ihrer Fähigkeiten bringen. Korruption wirkt sich ebenso wie Transparenz und gute Regierungsführung auf alle Bereiche der Existenz einer Nation aus - auf die Wirtschaft, die Gesellschaft und das Gemeinwesen. Vor allem die Institutionen und Prozesse in den Bereichen Bildung, Gesundheit, Politik und Soziales würden, wenn sie in Mitleidenschaft gezogen werden, weit hinter den auf dem Papier gesetzten Zielen zurückbleiben. So können beispielsweise Prüfungsergebnisse, die Auswahl von Arbeitsplätzen, die Vermittlung von Arbeitsplätzen, der Brautpreis, die zwischenmenschlichen Beziehungen zwischen Mann und Frau im Alltag, die Beziehungen zwischen Geistlichen und Priestern sowie zwischen

7

Anhängern und Gemeindemitgliedern auf dem Altar der Korruption und Dekadenz in Frage gestellt werden. Ältere Bürger werden von ihren Urenkeln, die für ihr Wohlergehen sorgen sollten, abgezockt. Erpressung am helllichten Tag, Bestechung, Vorschussbetrug, Plagiate, Erpressung von Zulassungen und Zeugnissen, Missbrauch von Ämtern und Verfahren, Fälschung von Waren, betrügerische Werbung, Einflussnahme, Missbrauch des offenen Marktes/Kapitalmarktes, gescheiterte Verträge, Justizmanipulationen und gescheiterte Justizverwaltung sowie Datenmissbrauch gehören zum normalen Erscheinungsbild und Gewand von Bürgern, die Positionen in der Gesellschaft einnehmen. Schließlich wird alles verkauft - Ernennungen, Bräute, Verträge, Posten usw. - an den Meistbietenden. Das ist es, was wir heute in Nigeria erleben; dennoch gibt es Tausende von Hochschulabsolventen, die zu Hause, auf den Straßen und in den Stadtvierteln herumlungern und nach Jobs suchen, die ihnen aufgrund des korrupten Bildungssystems, krimineller Beschäftigungspraktiken, betrügerischer Einstellungspraktiken und vieler anderer diskriminierender nationaler Praktiken verwehrt wurden.

Die vorstehenden Ausführungen bilden den Kontext, in dem Zekeri Momoh diesen wichtigen Beitrag geleistet hat. Es ist ein Versuch, die hydraköpfige Bedrohung und Geißel zu beschreiben, die als Korruption in Nigeria bekannt ist. Junge Autoren sollten ermutigt werden, nicht nur die Malaisen zu beschreiben und darüber zu schreiben, mit denen ihre Zukunft konfrontiert ist, sondern auch zu erkennen, dass die Korruption wie jede andere auch ein wachsendes Monster ist, das bekämpft werden muss. In einem korrupten Land werden sogar die Institutionen, die zur Bekämpfung der Bedrohung geschaffen wurden, korrumpiert. Das hat zur Folge, dass die Personen, die die Institutionen von der ersten bis zur letzten Etage leiten, in verschiedene Formen der Korruption verwickelt werden können, was dazu führt, dass ihre Arbeit im Kampf gegen die Korruption auf mehreren Ebenen stattfindet. Im Großen und Ganzen gibt es kein Versteck für die kommenden Generationen, die vor den Gefahren korrupter Praktiken geschützt werden müssen. Eine solche frühe Exposition gegenüber unangemessenen Abkürzungen oder das Schlagen des Prozesses würde den Traum von einem besseren Nigeria für alle nur in die Länge ziehen.

Professor Sam O. Smah,

Abuja-Nigeria.

VORWORT

"Ich wende mich gegen eine Gesellschaftsordnung, in der es möglich ist, dass ein Mann, der absolut nichts Nützliches tut, ein Vermögen von Hunderten von Millionen Dollar anhäuft, während Millionen von Männern und Frauen, die ihr ganzes Leben lang arbeiten, kaum genug für ein erbärmliches Dasein haben.
-Eugene Victor Debs
"Denn frei zu sein bedeutet nicht nur, sich seiner Ketten zu entledigen, sondern so zu leben, dass die Freiheit der anderen geachtet und gefördert wird.
- Nelson Mandela

Korruption ist ein multidimensionales Konzept, das jeden Aspekt der menschlichen Gesellschaft betrifft. Allerdings wird die Korruption heute weltweit mehr verurteilt als in der Vergangenheit, wenn man ihre Auswirkungen auf die nationale Entwicklung bedenkt. Ein bedauerlicher Aspekt, der die Korruptionsbekämpfung beeinträchtigt hat, ist die Tatsache, dass Korruption in einigen Gesellschaften verurteilt wird, während sie in anderen Gesellschaften "gefeiert" oder "verherrlicht" wird. Dies lässt sich auf kulturelle Unterschiede und ein geringes Bewusstsein für die Auswirkungen zurückführen.

Ausschlaggebend für die Abfassung dieses Buches war die zunehmende Korruption in Nigeria, so dass man kaum noch eine nationale Tageszeitung lesen kann, in der nicht prominente Fälle von Korruption erwähnt werden. Abgesehen von der Existenz der Korruptionsbekämpfungsbehörden, zu denen insbesondere die 2001 bzw. 2003 gegründete Kommission für Wirtschafts- und Finanzkriminalität (EFCC) und die Unabhängige Kommission für Korruptionspraktiken und andere Straftaten (ICPC) gehören, scheint wenig oder gar nichts unternommen worden zu sein, um die zunehmende Zahl aufsehenerregender Korruptionsfälle in Nigeria zu bekämpfen - korrupte Nigerianer haben keine Angst oder kümmern sich nicht darum, ob diese Korruptionsbekämpfungsbehörden existieren. Noch schlimmer ist das Versäumnis der nigerianischen Regierung, strengere Gesetze zur Korruptionsbekämpfung zu erlassen oder bestehende Gesetze zur Korruptionsbekämpfung zu reformieren und Strategien und Programme umzusetzen, die die zunehmenden Probleme der Korruption in Nigeria lösen. Die Korruption in Nigeria wird jedoch auf das Versagen der nigerianischen Staatsführung zurückgeführt, auf der Grundlage der Grundprinzipien menschlichen Verhaltens und menschlicher Beziehungen zu handeln. In letzter Zeit wird sie jedoch mit bestimmten Aktivitäten in Verbindung gebracht, die die Integrität öffentlicher Ämter zu untergraben drohen, wie z.B. Schmiergelder, unzulässige politische Spenden, Bestechung, Betrug, Bestechlichkeit, Diebstahl und andere.

Korruption gedeiht eher in einem System, das sie zulässt, als in einem System, das ihr nicht den Weg ebnet. "Wo Versuchung auf Duldung trifft, schlägt die Korruption in großem Umfang Wurzeln. Dies ist auf schwache administrative und politische Institutionen, niedrige Gehälter und die Verlockung für Beamte zurückzuführen, ihr Einkommen "aufzubessern". In diktatorischen Systemen sind administrative und politische Institutionen nichts anderes als eine Verlängerung der korrupten Praktiken des Usurpators" (www.transparencyinternational.org)

Faces of Corruption in Nigeria ist ein Buch, das die Korruption erforscht, den Hintergrund der Korruption in Nigeria nachzeichnet, die wichtigsten korrupten Praktiken in Nigeria, ihre Ursachen, die Arena der politischen Korruption, die Reaktionen der Regierung auf die Korruption, die Herausforderungen der Korruptionsbekämpfung, die Faktoren, die die Korruption fördern und aufrechterhalten, ihre Auswirkungen und nützliche Mechanismen zur Eindämmung der Korruption in Nigeria anhand einer Reihe von Theorien/Perspektiven wie der institutionellen Perspektive, der Perspektive der politischen Ökonomie, der Elitetheorie und der sozialpsychologischen Perspektive mit empirischen Beispielen und Fällen aufzeigt.

Die Einrichtung der Korruptionsbekämpfungsbehörden, d. h. der Kommission für Wirtschafts- und Finanzkriminalität (EFCC) und der Unabhängigen Kommission für Korruptionspraktiken und andere Straftaten (ICPC), ist ein Schritt in die richtige Richtung, aber die Korruptionsbekämpfungsbehörden müssen mit mehr Befugnissen ausgestattet werden, und es sollte ein spezielles Gericht eingerichtet werden, das unabhängig von den herkömmlichen Gerichten in Nigeria Fälle im Zusammenhang mit Korruption behandelt.

Dieses Buch ist nützlich für Mitglieder der Nationalversammlung, der Landesparlamente, der Justiz, der Exekutivräte auf Bundes- und Landesebene, für internationale Entwicklungspartner, die die Bemühungen der nigerianischen Regierung zur Korruptionsbekämpfung unterstützen, für Forscher, Studenten von Universitäten, Fachhochschulen, Hochschulen, Mitarbeiter von Unternehmen und Wissenschaftler, die verstehen wollen, was korrupte Praktiken, Dimensionen, Auswirkungen, Reaktionen der Regierung, Herausforderungen und Strategien zur Bekämpfung der Korruption in Nigeria ausmacht und wie sie die sozioökonomische und politische Entwicklung Nigerias beeinflusst hat.

Schließlich stehe ich zu jedem Fehler in diesem Buch. Außerdem nehme ich gerne jede konstruktive Kritik an diesem Buch entgegen und verspreche, es in der nächsten Auflage zu verbessern.

Zekeri Momoh,
Abteilung für Politikwissenschaft und Diplomatie,
Veritas-Universität, Abuja
Nigeria.
+2348031311717
momohzekeri@gmail.com
März, 2023

KAPITEL 1

WAS IST KORRUPTION?

"Wer sein Land rettet, rettet sich selbst, rettet alle Dinge und alle geretteten Dinge segnen ihn! Wer sein Land sterben lässt, lässt alle Dinge sterben, stirbt selbst unwissend und alle sterbenden Dinge verfluchen ihn"
- Senator Bejamin H. Hill Jr. 1893
"Ein unverantwortlicher Mensch wird erst dann verantwortlich sein, wenn seine Unverantwortlichkeit für seine Unverantwortlichkeit verantwortlich wird.

Einführung

In diesem Kapitel werden die verschiedenen wissenschaftlichen Definitionen von Korruption in der Literatur untersucht, um Ähnlichkeiten in den Ansichten der Wissenschaftler zu ermitteln. Dieses Kapitel zielt also darauf ab, wissenschaftliche Definitionen von Korruption zu erfassen und uns am Ende eine Arbeitsdefinition zu liefern, die die verschiedenen Aspekte der Korruption umfasst.

VERSTÄNDNIS DER BEDEUTUNG VON KORRUPTION

Der Begriff "Korruption" ist sowohl theoretisch als auch politisch umstritten und ist in der sozialwissenschaftlichen Literatur von Natur aus ein komplexes und mehrdeutiges Konzept. Sie tritt auf allen Ebenen der menschlichen Gesellschaft auf, wie auf der Ebene des Einzelnen, der Familie, der Gemeinschaft oder der Nation. Als Konzept ist sie zu dem geworden, was Sachs (1992:4) als "ein amöbenartiges Konzept, formlos, aber unausrottbar, das sich überall ausbreitet, weil es die besten Absichten repräsentiert, die die Plattform für rechte und linke Eliten und die Basis für ihre Kämpfe schaffen" beschreibt.

Außerdem sind die Dimensionen der Korruption in der heutigen Zeit extrem weit gefasst und umfassen wirtschaftliche, politische, soziale, rechtliche, institutionelle/bürokratische, religiöse usw. Daher hat die große Bandbreite des Korruptionsbegriffs in der Literatur zu Diskussionen unter den Wissenschaftlern geführt. Heute gibt es keine allgemein akzeptierte Definition von Korruption in der Welt. Daher kann es auch keine feste und endgültige Definition von Korruption geben, sondern die Wissenschaftler haben lediglich Vorschläge gemacht, was Korruption in einem bestimmten Kontext bedeuten sollte.

Das Wort "Korruption" leitet sich von dem lateinischen Wort "Corruptus" ab, das "zerstören" bedeutet. Der Begriff "Korruption" ist unsicher und lässt sich nicht eindeutig definieren; es kommt darauf an, wer ihn definiert und aus welcher Perspektive und zu welchem Zweck (Musa, 1991). Die unterschiedlichen Auffassungen über Korruption haben es den Gelehrten fast unmöglich gemacht, sich auf eine bestimmte Bedeutung des Korruptionsbegriffs zu einigen. Tanzi (1998) vertritt die Auffassung, dass Korruption zwar nicht leicht zu definieren ist, die verschiedenen Perspektiven, aus denen Korruption betrachtet wird, jedoch einen gemeinsamen Nenner haben, da sie eine Krankheit zum Nachteil des öffentlichen Wohls darstellt (zitiert in Fagbadebo, 2007). Korruption als Konzept liegt im Auge des Betrachters, und als Konzept in den Sozialwissenschaften hat es keine allgemein anerkannte Definition. In dieser Analogie ist Korruption wie ein "Elefant" und kann von verschiedenen Seiten betrachtet werden, manche von vorne, andere von hinten. Das bedeutet, dass jeder Betrachter des "Elefanten" (der Korruption) diesen von seinem eigenen Standpunkt aus beurteilen wird. Diese Sichtweisen sind vor allem darauf ausgerichtet, das Wesen des "Elefanten" (der Korruption) zu beschreiben oder zu erklären. Daher neigen Wissenschaftler bei der Konzeptualisierung von Korruption dazu, die Korruption aus ihrer Perspektive zu betrachten, die darauf ausgerichtet ist, das Konzept der Korruption zu erklären oder zu beschreiben.

Im NAVC-Handbuch und -Schulungsleitfaden zur Korruptionsbekämpfung heißt es: "Das Wort "Korruption" bedeutet etwas "Verdorbenes", etwas, das in eine schlechtere oder minderwertige Form abgedrängt wurde, eine nachteilige Abweichung von einem erwarteten Verlauf. Auf zwischenmenschliche Beziehungen angewandt, ist Korruption ein schlechter Einfluss, eine Injektion oder Fäulnis oder ein Verfall, ein Rückgang des moralischen Verhaltens und der persönlichen Integrität, der auf Unehrlichkeit zurückzuführen ist. Bei der Anwendung auf öffentliche Ämter bezieht sich der Begriff nicht auf die Abweichung vom idealen oder sogar allgemein erwarteten Standard des Verhaltens des Amtsinhabers, sondern auf spezifische Handlungen, die ein öffentliches Amt in Verruf bringen und die Täter untauglich machen, dort zu bleiben.

Korruption gibt es in fast jeder Gesellschaft, auch in Nigeria. Einige Bereiche, in denen Korruption weit verbreitet ist, sind im NAVC Handbuch und Schulungsleitfaden zur Korruptionsbekämpfung aufgeführt:

a.   Forderung und Erhalt eines bestimmten Prozentsatzes der Auftragssumme, in der Regel 10 % der von einem im Namen der Regierung handelnden Amtsträger vergebenen Aufträge. Dieser Prozentsatz wird normalerweise in Form von Sachleistungen oder Bargeld auf das Konto des Begünstigten gezahlt. In den meisten Fällen betrügen diese Begünstigten die Regierung, da die Auftragnehmer die Auftragskosten oft um die von den Beamten geforderten Prozentsätze überhöhen.

b. Betrügerische Täuschung (419) oder Gebührenvorschussbetrug

c. Beschäftigung und Vermittlung von weniger qualifizierten Personen, die eine Belohnung oder ein Versprechen darauf bieten.

d. Sexuelle Belästigung

e. Ungerechtfertigte Ausbeutung

f. Veruntreuung von Geldern

g. Zeugniserpressung

h. Vermarktung und Vertrieb von gefälschten, nachgemachten und abgelaufenen Arzneimitteln und Konsumgütern

i. Ungerechte Verkaufspreise

j. Goldschürfen

k. Missbrauch eines ordnungsgemäßen Verfahrens

l. Unzulässige Beeinflussung

m. Günstlingswirtschaft und Vetternwirtschaft.

n. Schutzgelderpressung

o. Bestechung

p. Lobbyarbeit

q. Beihilfe und Anstiftung zu Straftaten

Musa (1991) argumentiert: "Sicher ist, dass Korruption mit Absicht geschieht und untrennbar mit Macht verbunden ist". Dies liegt daran, dass Macht selbst verschiedene Formen hat, nämlich wirtschaftliche, normative, politische usw. Daraus ergibt sich, dass der Mensch nach Macht strebt, wie Thomas Hobbes feststellte; Reichtum ist eine Form der Macht. Hobbes fügte hinzu: "Das Leben ist ein unablässiges Streben nach Macht", das in den meisten Fällen zu Korruption führt. Für einige ist Korruption die bewusste und gut geplante Handlung einer Person oder einer Gruppe von Personen, die sich mit unrechtmäßigen Mitteln den Reichtum einer anderen Person oder einer Gruppe von Personen aneignet. Korruption wird als bewusste und wohlüberlegte Handlung einer Person oder Personengruppe verstanden, die sich mit rechtswidrigen Mitteln den Reichtum einer anderen Person oder Personengruppe aneignet.

Für andere ist es der Akt, Macht und Autorität in bare Münze zu verwandeln. In diesem Zusammenhang wird Korruption mit der Nutzung öffentlicher Ämter zur Erzielung von finanziellen Gewinnen gleichgesetzt, d. h., Korruption wird in diesem Zusammenhang als etwas angesehen, bei dem Personen in öffentlichen Ämtern Geld annehmen, um ihre Aufgaben zu erfüllen, insbesondere für diejenigen, die bereit sind, dafür zu zahlen. Smith (1991) definiert Korruption als "die Abzweigung von Ressourcen von der Verbesserung der Gemeinschaft zu Gunsten von Einzelpersonen auf Kosten der Gemeinschaft", d.h. wenn Beamte die für die Entwicklung der Gemeinschaft bestimmten Ressourcen (finanzielle oder materielle) für ihre egoistischen Interessen zum Nachteil der Gemeinschaft verwenden. Diese Definition betrachtet Korruption aus dem Blickwinkel von Amtsträgern, die das Wohlergehen derjenigen, die nicht an der Spitze des Gemeinwesens stehen, in den Hintergrund treten lassen.

Ciroma (1991) definierte Korruption nicht nur als Bestechung oder Plünderung der Staatskasse, sondern auch als absichtliche Beugung des Systems, um Freunde zu begünstigen oder Feinde zu schädigen, als jegliches Fehlverhalten, als Abweichung vom System oder als Perversion des Systems, als Irreführung der Nigerianer oder als Übermittlung falscher oder verzerrter Informationen über Dinge, die sie wissen sollten, usw. Korruption geht über Bestechung oder Plünderung der Staatskasse hinaus und umfasst auch die Perversion des Systems und den Akt des Obskurantismus. Das Entwicklungsprogramm der Vereinten Nationen (UNDP:1999) definiert Korruption als "den Missbrauch öffentlicher Macht, Ämter oder Befugnisse zum privaten Vorteil durch Bestechung, Erpressung, Einflussnahme, Hausieren, Vetternwirtschaft, Betrug, Schwarzgeld oder Unterschlagung". Nach dieser Definition ist Korruption der Missbrauch von öffentlichen Ämtern, Macht oder Befugnissen zum persönlichen Nutzen oder Vorteil".

Das BBC English Dictionary definiert Korruption als "unehrliches und rechtswidriges Verhalten von Personen in einer Autoritäts- oder Machtposition". Korruption wird in diesem Zusammenhang als die Rücksichtslosigkeit der politischen Klasse oder derjenigen, die öffentliche Ämter bekleiden, angesehen. Chambers 20th Century Dictionary definiert Korruption als "verunreinigen, beflecken, entwürdigen, verderben, die Reinheit zerstören, verhindern, bestechen usw. Diese Definition bezeichnet bestimmte Handlungen, die als Korruption gelten". Das Hugo English Dictionary definiert Korruption als etwas, das "verdorben, verfault, verdorben, bestechlich und nicht echt" ist. Das bedeutet, dass Korruption durch etwas moralisch Schlechtes gekennzeichnet ist.

Brook (2010) definierte Korruption als "die falsche Erfüllung oder Vernachlässigung einer anerkannten Pflicht oder die ungerechtfertigte Ausübung von Macht mit dem Motiv, sich einen mehr oder weniger persönlichen Vorteil zu verschaffen". Joda (2010) stellt fest, dass es bei Korruption nicht nur um Diebstahl oder Erpressung von Geld und Eigentum durch führende Persönlichkeiten geht, sondern um jede Form von Verhalten, das von Ethik, Moral, Tradition, Gesetz und bürgerlichen Tugenden abweicht, und zwar

14

von jeder Person oder Gruppe, unabhängig von ihrem Status in der Gesellschaft. Egal, ob Sie Beamter, Student, Politiker, Zimmermann, Fahrer, Militärgeneral oder die Frau eines Präsidenten oder Gouverneurs sind, wenn Ihr Handeln gegen grundlegende Normen und Vorschriften verstößt, sind Sie an Korruption beteiligt. Er fügte hinzu, dass Sie sich der Korruption schuldig machen, wenn Sie Ihre Banane essen und die Schale auf die Straße werfen oder die Toilette in Ihrem Büro oder Ihrer Schule benutzen, ohne sie zu spülen. Wenn Sie Ihre offiziellen Aufgaben nicht gewissenhaft erledigen oder einen Auftrag mit minderwertigen Produkten ausführen, sind Sie ein korrupter Bürger. Korruption betrifft sowohl den öffentlichen als auch den privaten Sektor. Sie ist auch jede Handlung, die von der akzeptablen Norm durch Einzelpersonen oder Gruppen von Einzelpersonen abweicht, unabhängig von ihrem sozialen Status/ihrer gesellschaftlichen Stellung in der Gesellschaft.

Korruption ist ein allgemeines Konzept, das jedes organisierte, voneinander abhängige System beschreibt, in dem ein Teil des Systems entweder nicht die Aufgaben erfüllt, für die es ursprünglich vorgesehen war, oder sie in einer unangemessenen Weise zum Nachteil des ursprünglichen Zwecks des Systems ausführt; es betont die Auswirkungen des Nichtfunktionierens eines Bereichs auf das gesamte System. Es ist jedoch zu beachten, dass Systeme von Einzelpersonen verwaltet und kontrolliert werden. Daher sind die Rollen der Personen, die diese Systeme verwalten und kontrollieren, wichtig. Chorl (2010) definierte Korruption als "die Veranlassung einer Person oder einer Gruppe von Personen durch Geldgeschenke oder andere Belohnungen, etwas zu tun oder zu lassen. Er fügte hinzu, dass sowohl der Geber als auch der Empfänger korrupt sind. Korruption kann auch Belohnung bedeuten, was ein Aspekt der Korruption ist". Außerdem geht Korruption über Geldgeschenke hinaus und umfasst alles, was jemanden dazu verleiten könnte, seine Pflichten nicht zu erfüllen oder das zu tun, was er oder sie tun sollte.

Nye (1967) definiert Korruption als "Abweichung von den formalen Pflichten einer öffentlichen Funktion zum Zwecke der privaten Bereicherung". Diese Definition ist wichtig, weil sie Praktiken der Nichteinhaltung interner Regeln und Verfahren ins Spiel bringt, bei denen keine böswillige Absicht vorliegen kann. Adegbite (1991) stellte fest, dass Korruption "moralischen Verfall, Verderbtheit, Perversion der Integrität durch Bestechung oder Begünstigung" bedeutet. Er fügte hinzu, dass Korruption im weitesten Sinne die Abweichung von einem ursprünglichen Zustand der Reinheit bedeutet, eine Art Inflation der Korruption, eine Abweichung von dem, was sein sollte oder was in der

15

Gesellschaft erwartet wird. Daraus folgt, dass jede Abweichung vom akzeptablen Standard in einer Gesellschaft als Korruption bezeichnet wird. Adegbite stellt weiter fest, dass Korruption in "ihrem bodenständigen Sinn bedeutet: eine Handlung oder die Veranlassung zu einer Handlung mit der Absicht, sich selbst oder einer anderen Person auf unzulässige Weise einen Vorteil zu verschaffen" Das bedeutet, dass Korruption jede Handlung der Veranlassung für sich selbst oder für eine andere Person beinhalten kann.

Okunola, (1991) definiert Korruption als "die Gesamtsumme aller unmoralischen, verdorbenen und unehrlichen Praktiken: einschließlich aller Wirtschaftsverbrechen". Er fügte hinzu, dass Korruption an der Wurzel von Wirtschaftsverbrechen steht. Sie ist die Motivation, der eigentliche Katalysator für Verbrechen. Obwohl Wirtschaftsverbrechen und andere damit zusammenhängende Verbrechen oft miteinander verbunden sind, führt das eine oft zum anderen. Bello (1991) sieht in der Korruption den Aspekt des menschlichen Verhaltens, der als widerwärtig, gemein, entwürdigend, abscheulich und beleidigend für die höheren Normen jeder respektablen menschlichen Gesellschaft angesehen wird. Korruption ist schlecht, und sie sollte in keiner Gesellschaft toleriert werden.

Hornsby, (2000) stellte fest, dass "korrupt" ein Adjektiv ist, das sich auf Personen und ihre Handlungen bezieht. Es wird definiert als "unmoralisch; verdorben; unehrlich (insbesondere durch Annahme von Bestechungsgeldern)", während "korrupte Praktiken" unter anderem als "das Anbieten und Annehmen von Bestechungsgeldern" definiert wird. Korrumpieren bedeutet "korrumpieren oder korrumpiert werden", während Korruption "korrumpieren oder korrupt sein" bedeutet. Korruption ist der Prozess des Korrumpierens oder Korrumpiertwerdens. Gambo, (1991) definiert Korruption als "die Perversion eines öffentlichen Amtes zum privaten Vorteil". Korruption umfasst Bestechung oder die Verwendung von unerlaubten Belohnungen, um Menschen in einer Autoritätsposition zu beeinflussen, damit sie in einer Weise handeln oder sich weigern zu handeln, die dem privaten Vorteil des Gebers und oft auch dem des Empfängers dient, die Veruntreuung von öffentlichen Geldern und Ressourcen zum privaten Vorteil, verwandtschaftliche Beziehungen oder ethnische Verbindungen bei der Ausübung öffentlicher Funktionen oder die missbräuchliche Verwendung von Einfluss, um einen Untergebenen dazu zu bringen, unerlaubte Handlungen auszuführen, die den Status oder den finanziellen Vorteil der mächtigen Partei verbessern. Er fügte hinzu, dass Korruption die erzwungene Abzweigung von materiellem Reichtum, der für andere nützliche Zwecke bestimmt ist, in private Hände ist, was zu einer Entbehrung und Verarmung der Mehrheit der

16

Bevölkerung zugunsten einiger weniger führt. Korruption bedeutet Verleitung, unbefugte Nutzung von Ressourcen und Autorität zum eigenen Vorteil und zum Nachteil des Volkes; sie führt zu Entbehrung und Verarmung.

Lapalombara (1974) stellt fest, dass "wir Korruption oft mit dem Austausch von Geld oder Dingen wie Vikunjamänteln in Verbindung bringen, die amerikanischen Präsidentenberatern geschenkt werden, wie es während der Regierung Eisenhower geschah. Eher mit dem Verkauf oder der Lieferung von Heroin durch Polizeidienststellen! Wir gehen davon aus, dass die Bestechung eines Beamten darin besteht, ihn dafür zu bezahlen, dass er in seiner offiziellen Funktion etwas tut oder unterlässt". Lapalombara drückt es treffend so aus: "Kulturen haben Worte, einige davon ziemlich bunt, um solche Praktiken zu beschreiben. In Asien zahlt man "baksheesh", während man in Italien "La bustarella", die kleinen Umschläge, über oder unter den Tisch reicht. In spanischsprachigen Ländern hört man von "La mordida", wörtlich der "Biss", den Beamte als Gegenleistung für Gefälligkeiten nehmen. In Indien nennt man solche Zahlungen "speed money", in Afrika "dash". Das Englische ist reich an Ausdrücken wie "five per center", "payola", "influence peddler", "graft", "grease", "rake off", "bribery" und "kickback", die verschiedene Formen der politischen Korruption bezeichnen.

Lopalombara (1974) versteht unter Korruption im soziologischen Sinne die korrupte Ausübung abgeleiteter Macht auf der Grundlage der dieser Macht innewohnenden Autorität oder auf der Grundlage einer formalen Kompetenz zum Nachteil der Ziele der ursprünglichen Macht und zum Vorteil Außenstehender unter dem Vorwand einer legitimen Machtausübung". In diesem soziologischen Kontext ist Korruption der Missbrauch von Macht, der auf der Befugnis einer Person beruht, im Gegensatz zur ursprünglichen Verwendung dieser Macht zu handeln. Dies könnte die unrechtmäßige Ausübung von Macht bedeuten. Er definiert Korruption weiter als "Verhalten, das von den formalen Pflichten einer öffentlichen Funktion abweicht, weil es privaten (persönlichen, engen familiären, privaten Cliquen-) Reichtum oder Statusgewinn bedeutet oder gegen Regeln verstößt, die die Ausübung bestimmter Arten von privatem Einfluss verbieten. Er fügt hinzu, dass Korruption ein Verhalten von Amtsträgern ist, das von akzeptierten Formen abweicht, um privaten Zwecken zu dienen. Damit wird Korruption als jedes Verhalten definiert, das gegen die akzeptierten Normen einer Gesellschaft verstößt und auf die Erreichung eigennütziger Interessen ausgerichtet ist.

Transparency International (TI) (2012) definiert Korruption operativ als den Missbrauch anvertrauter Macht zum privaten Vorteil. Außerdem wird zwischen Korruption "gemäß der Regel" und "gegen die Regel" unterschieden. Erleichterungszahlungen, bei denen eine Bestechung gezahlt wird, um eine Vorzugsbehandlung für etwas zu erhalten, zu dem der Bestochene gesetzlich verpflichtet ist, stellen erstere dar. Letztere hingegen sind Bestechungsgelder, die gezahlt werden, um Dienstleistungen zu erhalten. Diese Definition von Korruption gibt uns einen Einblick in korrupte Praktiken, die "im Einklang mit den Regeln" stehen. Doch unterm Strich ist Korruption entweder im Einklang mit den Regeln oder gegen die Regeln.

Auch hier definiert die Weltbank (2006) Korruption als den Missbrauch öffentlicher Macht zum privaten Vorteil. Korruption tritt in vielen verschiedenen Formen auf: Bestechung, Veruntreuung öffentlicher Güter, Vetternwirtschaft (Bevorzugung von Familienmitgliedern bei der Vergabe von Arbeitsplätzen und Verträgen) und Einflussnahme auf die Formulierung von Gesetzen oder Vorschriften zum privaten Vorteil sind gängige Beispiele für Fehlverhalten oder Missstände. Korruption bedeutet die Zerstörung, den Ruin oder das Verderben einer Nation. Korruption bedeutet, dass Integrität, Tugend oder moralische Grundsätze nicht mehr geschätzt werden. Sie verändert sich zum Schlechteren, denn eine solche Gesellschaft beginnt zu zerfallen und befindet sich auf dem Weg zur Selbstzerstörung. (www.thegeminige.com).

Korruption ist (1) Unehrliches oder betrügerisches Verhalten von Machthabern, typischerweise mit Bestechung verbunden (2) Die Handlung, die jemanden oder etwas moralisch verdorben macht, oder der Zustand, in dem dies geschieht. Korruption ist (a) Akt der Entwürdigung oder Zustand der Entwürdigung (b) moralische Perversion (c) Perversion der Integrität (d) korrupte oder unehrliche Verfahren (e) Akt oder Praxis der Bestechung oder Annahme von Bestechungsgeldern (f) Entwürdigung oder Veränderung einer Sprache, eines Textes oder eines Wortes (g) Fäulnis (h) jeder entwürdigende Einfluss (www.dictionary.com)

Das Büro der Vereinten Nationen für Drogen- und Verbrechensbekämpfung (UNODC:2009) betrachtet Korruption als ein komplexes soziales, politisches und wirtschaftliches Phänomen, das alle Länder betrifft. Korruption besteht aus verschiedenen miteinander verbundenen Teilen, die sozialer, politischer und wirtschaftlicher Natur sein können, und sie betrifft wiederum alle Gesellschaften oder Länder. Mohammed (1991) sagt über Korruption: "So wie ein Mensch, der Bestechungsgelder annimmt oder gibt, korrupt ist, so ist es auch jeder, der einem anderen seine Rechte verweigert, weil er nicht aus demselben Regierungsbezirk oder der gleichen ethnischen Gruppe stammt wie diese Person. Korruption wird als jeder Akt der

Bestechung und im weiteren Sinne als jeder Akt der Verderbtheit angesehen. Chukkol, (2009) definiert Korruption rechtswissenschaftlich als "den Missbrauch anvertrauter Macht zum privaten Vorteil". Er fügte hinzu, dass sie auch als "Missbrauch eines öffentlichen Amtes" beschrieben wird. Des Weiteren fügt er hinzu, dass Korruption ein weit gefasster Begriff ist, der viele rechtswidrige Handlungen von öffentlichen oder privaten Beamten umfasst, die dazu dienen, sich selbst oder andere Verwandte, Freunde oder Partner zu bereichern. Er umfasst Veruntreuung, Unterschlagung oder andere Abzweigungen durch Amtsträger in Bezug auf ihre Pflichten und für oder gegen öffentliches oder privates Eigentum. Chukkols Auffassung von Korruption umfasst viele rechtswidrige Handlungen öffentlicher oder privater Beamter, und dies gibt uns eine weit gefasste Vorstellung von Korruption, da diese Definition alle Aspekte der Gesellschaft abdeckt.

Das Gesetz über die Kommission für Wirtschafts- und Finanzkriminalität (EFCC) von 2004 bietet in Abschnitt 41 eine weitere gesetzliche Definition von Korruption. Darin wird definiert, dass Wirtschafts- und Finanzkriminalität "jede Form von Betrug, Geldwäsche, Unterschlagung, Bestechung, Plünderung und jede Form von korrupten Praktiken Aspekte von Wirtschafts- und Finanzkriminalität sind". Daher ist Korruption eine Straftat, die auch nach dem EFCC-Gesetz strafbar ist. Chukkal, (2009). Es ist wichtig, darauf hinzuweisen, dass sich die Definition des Economic and Financial Crimes Commission (EFCC) Act 2004 auf wirtschaftliche/kommerzielle oder finanzielle Korruption konzentriert und damit andere Formen der Korruption wie politische, administrative/berufliche oder bürokratische, organisierte, systemische und andere Formen korrupter Praktiken in den Hintergrund drängt, weshalb es notwendig ist, diese Definition über den Bereich der Wirtschafts- und Finanzkriminalität hinaus zu erweitern. In Abschnitt 2 des ICPC-Gesetzes von 2000 wird der Begriff "Korruption" so definiert, dass er Bestechung, Betrug und andere damit zusammenhängende Straftaten umfasst. In Abschnitt 2 des ICPC-Gesetzes 2000 wurde jedoch nicht definiert, was "Bestechung" oder "Betrug" bedeutet. Chukkol (2009) hat zu Recht festgestellt, dass die Definition einen weiteren wichtigen Begriff für das Verständnis von Korruption in Nigeria darstellt. Johnson, (1991) stellt fest, dass einige Korruption als einen Akt des Stehlens, Betrügens und Lügens beschreiben, dass jedoch unterschiedliche Menschen unterschiedliche Ansichten über Korruption haben. Er führt weiter aus, dass eine Person als korrupt gilt, wenn sie sich selbst, ihrer Familie oder ihren Freunden direkt oder indirekt einen materiellen Vorteil verschafft, oder ein Beamter, der dazu veranlasst wird, anders zu handeln, als es seine Pflicht erfordert, oder seine Pflicht zu erfüllen, wenn er es sonst nicht tun würde. Er betonte ferner, dass es verschiedene Definitionen von Korruption gibt, und dass es kaum eine gibt, die vollständig ist. Das liegt daran, dass Korruption sehr vielschichtig ist und zahlreiche Formen und Dimensionen hat. Er kommt zu dem Schluss, dass Korruption in Nigeria zu einer "Konvention", "einer Tradition", "einem psychologischen Bedürfnis", "einer Notwendigkeit" und "einer Lebensweise" geworden ist, sie ist die übliche Praxis bei geschäftlichen Transaktionen oder Idealen und bei der Vergabe von Aufträgen - die alten zehn Prozent.

Adekoya (1991) stellte fest, dass das, was von den Menschen nicht akzeptiert wird, als Korruption definiert werden kann. Korruption in der Öffentlichkeit entwertet bestimmte Grundsätze wie Wahrheit und Fairness, die den Menschen wichtig sind. Sie fügt hinzu, dass Stammesdenken, Bestechung und Vetternwirtschaft, unzulässige Einflussnahme und Druck in der Regel Formen solcher Korruption sind. Daher kann jede Handlung, die nicht auf Wahrheit und Fairness beruht und von den Menschen akzeptiert wird, als Korruption definiert werden.

Im Oxford Concise Dictionary of Politics (2003) heißt es: "Korruption liegt vor, wenn ein Beamter einen Vorteil in eine illegale Zahlung (das Bestechungsgeld) umwandelt. Mit der Annahme der Bestechung bricht der Beamte ein rechtsverbindliches Versprechen, das er seinem "Auftraggeber" (in der Regel die staatliche Verwaltung oder ein privates Unternehmen) gegeben hat, den Nutzen denjenigen zukommen zu lassen, die Anspruch darauf haben. Korruption ist weder eine Eigenschaft eines sozialen Systems oder einer Institution noch eine Charaktereigenschaft eines Individuums, sondern vielmehr ein illegaler Tausch" Heutzutage haben sich die Wissenschaftler von der klassischen Sichtweise der Korruption als Verfall des ethischen Empfindens eines Individuums oder als Mangel an moralischer Integrität verabschiedet. In Anbetracht der Vielfalt der menschlichen Kulturen weltweit ist es in den meisten Fällen schwierig, eine Handlung als korrupt zu bezeichnen, die in einer anderen Gesellschaft nicht korrupt ist. Die Definition oder Beschreibung von Korruption durch verschiedene Wissenschaftler und Autoren basiert auf der Auffassung, dass eine Handlung, die überwiegend als korrupt oder unmoralisch angesehen wird, bei der Definition von Korruption berücksichtigt werden sollte. Oluwashakin, & Aleyomi, (2014) argumentieren, dass "was legal ist, in der Gesellschaft nicht immer als moralisch und legitim angesehen wird und was illegal ist, als unmoralisch und illegitim. Es gibt Handlungsweisen, die von vielen Menschen als korrupt angesehen werden, die aber vom Gesetz nicht als solche betrachtet werden, während andere, die rechtlich gesehen korrupt sind, als moralisch legitim angesehen werden können.

Andvig (2008) vertritt die Auffassung, dass eine vernünftigere Auslegung darin bestünde, dass der Begriff im Kern schwerwiegende Handlungen wie Bestechung und Erpressung abdeckt und am Rande, je nach Kontext, verschiedene Arten von privatnützigen Aktivitäten einschließt. Rose-Ackerman (1978) definiert Korruption sinnvollerweise wie folgt: Eine Handlung, die kommerziell korrupt ist, wenn ein Mitglied einer Organisation seine Position, seine Entscheidungsrechte, seinen Zugang zu Informationen oder andere Ressourcen der Organisation zum Vorteil eines Dritten nutzt und dadurch Geld oder andere wirtschaftlich wertvolle Güter oder Dienstleistungen erhält, wobei entweder die Zahlung selbst oder die erbrachten Dienstleistungen illegal sind und/oder gegen die eigenen Ziele oder Regeln der Organisation verstoßen. Wenn die Handlung hauptsächlich durch die erhaltenen immateriellen Werte motiviert ist und von dem Mitglied im Interesse von Freunden, der Familie oder familiären Freundschaftsnetzwerken geleistet wird, handelt es sich um Korruption im Rahmen von Beziehungen. Eine Handlung stellt eine Veruntreuung dar, wenn ein Mitglied einer Organisation seine Entscheidungsrechte, seine Arbeitszeit, seinen Zugang zu Informationen oder einige materielle Vermögenswerte der Organisation zu seinem eigenen wirtschaftlichen Vorteil oder zum Vorteil anderer Mitglieder der Organisation in einer Weise nutzt, die entweder illegal ist oder gegen die eigenen Ziele oder Regeln der Organisation verstößt. Veruntreuungen können auch durch den Wunsch motiviert sein, das Ansehen der Person in familiären Freundschaftsnetzwerken zu beeinflussen. Korrupte Formen der Erpressung sind räuberische Handlungen, bei denen ein Akteur seine Position in einer Organisation durch Drohungen ausnutzt, um unfreiwillige Ressourcentransfers von Personen außerhalb der Organisation gegen die eigenen Interessen der Organisation zu erwirken. Korruption im weiteren Sinne umfasst alle diese Formen von Aktivitäten (zitiert in Andvig, 2008).

Andvig (2008) stellte fest, dass sich die Definition auf Handlungen von Mitgliedern einer Organisation konzentriert, die gegen die direkten Interessen der Organisation gerichtet sind. Alatas et al. (2006) definieren Korruption als "eine Situation, in der zwei Personen handeln können, um ihren eigenen Gewinn auf Kosten einer dritten Person zu erhöhen". Dies bedeutet jedoch nicht, dass eine Einzelperson die Tat nicht begehen kann. Es geht hier darum, dass meistens mindestens zwei Personen erforderlich sind, um eine Handlung zu vollenden, die wahrscheinlich von einer Person geplant wurde (zitiert in Andvig,

2008).

Gray und Kaufmann (1998) definieren Korruption als "Bestechung und Erpressung, an denen notwendigerweise mindestens zwei Parteien beteiligt sind, sowie andere Vergehen, die ein Beamter allein begehen kann, einschließlich Betrug und Unterschlagung". Für sie manifestiert sich Korruption im Regierungshandeln durch die "Aneignung öffentlicher Vermögenswerte für private Zwecke und die Veruntreuung öffentlicher Gelder durch Politiker und hochrangige Beamte". Hier geht es um das "Versagen" von unpersönlichen, regelbasierten öffentlichen Apparaten. Zwar werden organisatorische Regeln selten vollständig befolgt, aber die meisten Staaten sind auch keine Potemkinschen Dörfer. Einige der Regeln werden sich durchsetzen und sich in den Handlungen ihrer Vertreter zeigen. Hier müssen wir zwischen den verschiedenen Formen der Korruption unterscheiden, da sie auf unterschiedliche Weise mit der Wahrscheinlichkeit des Ausbruchs gewaltsamer Konflikte verbunden sind. Während der Zusammenhang zwischen kommerzieller Korruption und Konflikten eher indirekt und umschrieben zu sein scheint, sind das Ausmaß der beziehungsbasierten Korruption und die Leichtigkeit, mit der gewalttätige Gruppen gebildet werden, die mit der offiziellen Regierung konkurrieren, wahrscheinlich direkter (zitiert in Andvig, 2008).

Johnston (2000) definiert "Korruption als den Missbrauch öffentlicher Aufgaben oder Ressourcen zum privaten Nutzen, wobei er anerkennt, dass Begriffe wie "Missbrauch", "öffentlich", "privat" und sogar "Nutzen" sehr umstritten sein können". Er argumentiert, dass "mangelnder Konsens über die funktionierende Unterscheidung zwischen "öffentlich" und "privat" zum Beispiel ein nützlicher Indikator für Schwächen in Institutionen sein kann. Korruption ist eine Form des Diebstahls (Ojo 2007:108). Dies impliziert, dass Diebstahl selbst ein Oberbegriff ist, zu dem Korruption gehört. Auch wenn Präsident Jonathan argumentiert, dass Korruption "kein Diebstahl" ist, weil der durchschnittliche Nigerianer, der auf dem Dorf wohnt, Korruption nicht als "Diebstahl" versteht, so ist doch wichtig, dass sowohl Korruption als auch Diebstahl/Diebstahl die Aneignung von etwas, das niemandem gehört, oder die Aneignung von öffentlichem Eigentum zum persönlichen Gebrauch beinhalten.

Lawal und Tobi (2006) als den bewussten Versuch oder die absichtliche Umleitung von Ressourcen von der Befriedigung des allgemeinen Interesses hin zu egoistischen (persönlichen oder partikulären) Interessen. Sie fügten hinzu, dass die Verachtung der Korruption vor allem aus moralischen Gründen zu spüren ist. Es besteht kein Zweifel daran, dass sie jeder Gesellschaft, in der sie vorkommt, einige negative Auswirkungen zufügt und so lange fortbesteht, bis die Gesellschaft von ihrer Unmoral gereinigt ist. OJaide (2000) behauptet, dass Korruption "jedes systemische Laster in einem Individuum, einer Gesellschaft oder einer Nation ist, das Günstlingswirtschaft, Vetternwirtschaft, Stammesdenken, Sektierertum, ungerechtfertigte Bereicherung, Anhäufung von Reichtum, Missbrauch von Ämtern, Macht, Positionen und Abzweigung von ungerechtfertigten Gewinnen und Vorteilen widerspiegelt - es beinhaltet auch Bestechung, Schmuggel, Betrug, illegale Zahlungen, Geldwäsche, Drogenhandel, Fälschung von Dokumenten und Aufzeichnungen, Augenwischerei, falsche Erklärungen, Hinterziehung, Unterschlagung, Täuschung, Fälschung, Verheimlichung, Beihilfe und Anstiftung jeglicher Art zum Nachteil einer anderen Person, Gemeinschaft, Gesellschaft oder Nation"

Einige gemeinsame Nenner der meisten analysierten Definitionen sind: Korruption ist ein globales Phänomen, d.h. keine Gesellschaft ist frei von Korruption, sie ist multidimensional, es gibt keine allgemein akzeptierte Definition, sie wird vielmehr auf der Grundlage der individuellen Perspektive definiert, sie ist so alt wie die Menschheit, ihr Ausmaß variiert von Gesellschaft zu Gesellschaft, sie findet im öffentlichen und privaten Sektor statt, sie beinhaltet jede Art von Entbehrung, ihre Auswirkungen/Implikationen sind schädlich für die menschliche Gesellschaft.

Der Begriff Korruption umfasst daher eine der folgenden Formen: Jede unmoralische, böse/verdorbene Handlung, Handlungen, die den bestehenden, allgemein akzeptierten Normen und Werten zuwiderlaufen, Verstöße gegen festgelegte, akzeptable Regeln und Vorschriften, Handlungen, die geeignet sind, andere zu gefährden oder zu schädigen, Handlungen, die das System zum eigenen Vorteil durchdringen, Handlungen, die zu Disziplinlosigkeit in der Gesellschaft führen, Handlungen, die der Gesellschaft, Organisation oder Institution gegenüber unverantwortlich sind, Handlungen, die geeignet sind, die Gesellschaft zu zerstören; Sabotage, Terrorismus, Missbrauch jeglicher Art, Vandalismus, Entführung usw., unpatriotische Handlungen und Respektlosigkeit gegenüber staatlichen Institutionen und Behörden, Handlungen, die kriminelle Handlungen unterstützen und begünstigen, Handlungen, die eine Zahl oder einen Betrag aufblähen oder verringern, sowie jegliche Art von Entbehrung.

Im Großen und Ganzen werden wir die Definition von Korruption übernehmen, da diese Definition allumfassend ist, da sie die verschiedenen Formen der Korruption erfasst. Momoh (2015) sieht Korruption als jede Handlung einer Person oder einer Gruppe von Personen, die eine Person oder eine Gruppe von Personen des Nutzens oder des Zugangs zum kollektiven Gut einer Vereinigung, Organisation, Gemeinschaft, Gesellschaft oder eines Landes beraubt. Kurz gesagt, bedeutet Korruption, dass man andere zum eigenen Vorteil beraubt, ohne sich um die Folgen eines solchen Handelns oder Nichthandelns zu kümmern.

KAPITEL ZWEI

HINTERGRUNDFRAGEN ZUR KORRUPTION IN NIGERIA

"Keine menschliche Gesellschaft ist frei von Korruption, denn die Korruption ist so alt wie die Menschheit".
"Jede Verletzung der Wahrheit ist ein Angriff auf die Gesundheit der menschlichen Gesellschaft".
- Ralph Waldo Emerson

EINFÜHRUNG

In diesem Kapitel wird ein Überblick über die Verbreitung des Regimes in Nigeria von 1960 bis heute gegeben. Das liegt daran, dass Korruption in Nigeria eine lange historische Entwicklung hat. Obwohl es unerlässlich ist, sie bis in die vorkoloniale Ära zurückzuverfolgen, wird sie in diesem Kapitel ab der Kolonialzeit behandelt, da die Korruption während dieser Ära verschärft und in der postkolonialen Ära in Nigeria institutionalisiert wurde.

ENTWICKLUNG DER KORRUPTION IN NIGERIA

In jüngster Zeit ist die Korruption eine Kultur, die in alle Bereiche unseres Lebens eindringt. Sie ist nicht überall gleich weit verbreitet, denn ihr Ausmaß oder ihre Intensität variiert von Gesellschaft zu Gesellschaft, was auf die Art und Weise zurückzuführen ist, wie Korruptionsfälle behandelt werden. Die Korruption in Nigeria hat jedoch, wie Jodo (2009) feststellte, koloniale Vorläufer. Sie lässt sich unweigerlich auf die Zeit der Kolonialisierung Nigerias durch die Briten im 19. bis 20. Jahrhundert zurückführen. In dieser Zeit wurde Nigeria politisch, wirtschaftlich und soziokulturell kolonisiert. Die Briten brachten den Nigerianern in dieser Zeit der Kolonisierung einen ostentativen Lebensstil bei.

Während der Kolonialzeit wurden nigerianische Führer (traditionelle und politische) bestochen, um den Sklavenhandel zu fördern. Dieser Akt der Bestechung führte dazu, dass nigerianische und afrikanische Führer im Allgemeinen einen protzigen Lebensstil pflegten, was es für die Gemeinschaften unumgänglich machte, sich korrupten Praktiken hinzugeben. Dies führte zu korrupten Tendenzen unter den nigerianischen Führern während dieser Zeit und legte damit den Grundstein für die Korruption in Nigeria in einem monumentalen Ausmaß. Das lag daran, dass die nigerianische Wirtschaft zu dieser Zeit durch die Monetarisierung der Wirtschaft, den Anbau von Nutzpflanzen und die Einführung eines Steuer- und Kreditsystems als Teilnehmer der Peripherie in das kapitalistische Weltsystem integriert worden war.

Adegbite (1991) argumentiert, dass den Politikern lange vor der Unabhängigkeit Nigerias alle Arten von Korruption vorgeworfen wurden. Selbst als Nigeria im Oktober 1960 unabhängig wurde, kritisierten einige Kommentatoren, dass die neue Nation von Geburt an von Korruption durchsetzt sei. Dies zeigt, dass das Fundament des nigerianischen Staates auf Korruption gegründet war. Er fügte hinzu, dass "es daher nicht überrascht, dass der erste Staatsstreich in Nigeria von dem Wunsch inspiriert war, die Nation von der Korruption zu befreien, abgesehen von der damals herrschenden Atmosphäre politischer Unruhen, die durch politische Gaunereien und Wahlfälschungen angeheizt wurden. Diese Behauptung wurde von Osumah & Aghedo (2014) untermauert, wonach die Drahtzieher des Staatsstreichs von 1966 unter der Führung von Major Chukwuma Nzeogu erklärten, sie seien motiviert gewesen, die zivile Regierung zu stürzen, um eine starke, geeinte und wohlhabende Nation frei von Korruption zu bilden. Dies zeigt, dass das nigerianische politische System zum Zeitpunkt der Unabhängigkeit von Korruption durchdrungen war. Darüber hinaus geht aus den Berichten der verschiedenen Untersuchungsausschüsse über das Vermögen von Amtsträgern und anderen Personen, die von der damaligen Militärregierung wie Adegbite eingesetzt wurden, hervor, dass Veruntreuung öffentlicher Gelder in großem Umfang und ungerechtfertigte Bereicherung durch frühere zivile politische Führer die erste Republik kennzeichneten, was zeigt, wie schlimm der Zustand der Korruption während der ersten Republik war, was zum ersten Militärputsch führte. Am 29. Juli 1975 wurde die Regierung Gowon gestürzt, weil sie nicht in der Lage war, die Empfehlungen der Gerichte, die zur Untersuchung der Korruptionsfälle in Nigeria während seiner Regierungszeit eingerichtet worden waren, ordnungsgemäß umzusetzen. Sein Regime wurde gestürzt, als er zum damaligen Gipfeltreffen der Organisation für Afrikanische Einheit (O.A.U.) nach Kampala, der Hauptstadt Ugandas, reiste.

Als General Murtala Muhammed am 1. Oktober 1979 sein Amt als Staatschef antrat, kündigte er ein Fünfjahresprogramm an, um das Land wieder an einen demokratisch gewählten Führer zu übergeben, und löste damit General Yakubu Gowon ab. Er wollte ein neues Nigeria, das mit einer reinen Weste beginnen sollte, was ihn dazu veranlasste, den öffentlichen Dienst von allen Formen der Korruption zu säubern, was dazu führte, dass mehr als 10.000 Beamte aus verschiedenen Schichten des öffentlichen Dienstes, einschließlich des Militärs und der Polizei, Universitätsdozenten, Richter usw., entlassen wurden. Er setzte eine Untersuchungskommission ein, die zehn der zwölf Militärgouverneure, die in seiner Amtszeit dienten, wegen verschiedener Korruptionsdelikte anzeigte, was es den Schuldigen ermöglichte, beträchtliche Geldbeträge und Grundbesitz wie Häuser an die Bundesregierung abzutreten. Es stellte sich jedoch heraus, dass General Murtala Muhammed das Geld des Staates unrechtmäßig für den Erwerb seines persönlichen Besitzes in Kano verwendet haben soll (Osumah & Aghedo, 2014).

Nach der Ermordung von General Murtala Mohammed am 13. Februar 1976 durch einen von Major Dimka angeführten, erfolglosen Staatsstreich, der zur Ernennung von General Olusegun Obasanjo zum Staatschef führte, übergab dieser am 1. Oktober 1979 die Macht an einen demokratisch gewählten Präsidenten in der Person von Alhaji Shehu Shagari, der dem Zeitplan seines Vorgängers entsprach. Dies markierte eine neue Ära der Rückkehr zu einer zivilen Herrschaft in der politischen Landschaft Nigerias. Er führte die ethische Revolution ein, um die Korruption zu bekämpfen. Sie war jedoch nicht wirksam. Adegbite (1991) argumentiert jedoch, dass die Entstehung der Zweiten Republik durch mächtige Interessengruppen, Politiker und ihre Verbündeten gekennzeichnet war, die aus der Korruption eine Tugend zu machen schienen. Er fügte hinzu, dass ein gelehrter Gelehrter über diese Ära schrieb und das Wall Street Journal zitierte: "Es war ... allgemein bekannt, dass die Korruption florierte, und fügte hinzu, dass bis zu dreißig Prozent der Einnahmen des Landes veruntreut oder umgeleitet worden waren, um überhöhte Gebühren an Auftragnehmer zu zahlen, die dann korrupte Politiker bezahlten". Er stellte weiter fest, dass der protzige Lebensstil der Politiker in der zweiten Republik zusätzlich zu den Möglichkeiten, die sich durch die Einfuhrlizenzen boten, und der Notwendigkeit, Parteiinteressen zu befriedigen, die Korruption in dieser Zeit noch verschlimmerte. Er fügte hinzu, dass es fast unmöglich war, zwischen den öffentlichen und den Parteikassen zu unterscheiden. Dies liege daran, dass die öffentlichen Bediensteten darauf erpicht seien, dem so genannten Club der Millionäre beizutreten, auf den man sich berufe.

Präsident Shahu Shagari wurde von Achebe (1984:37) mit den Worten zitiert, dass *"... es in Nigeria Korruption gab, die aber noch keine alarmierenden Ausmaße angenommen hatte"*. Im Gegensatz zu dieser Behauptung stellt Achebe (1984:37) fest: *"Meine offene und ehrliche Meinung ist, dass jeder, der sagen kann, dass die Korruption in Nigeria noch nicht alarmierend geworden ist, entweder ein Narr oder ein Gauner ist oder nicht in diesem Land lebt. Shagari ist weder ein Narr noch ein Gauner. Ich muss also davon ausgehen, dass er im Ausland lebt, was nicht so seltsam oder abwegig ist, wie manche vielleicht denken. Er fügte hinzu, dass die Korruption in Nigeria das beunruhigende Stadium überschritten hat und in ein tödliches Stadium eingetreten ist; und Nigeria wird sterben, wenn wir weiterhin so tun, als sei es nur leicht indisponiert.*

The Weekly Star vom 15. Mai 1983 behauptet jedoch auf der Titelseite unter dem Titel

27

The Nigerian and Corruption: "Einen durchschnittlichen Nigerianer davon abzuhalten, korrupt zu sein, ist wie eine Ziege davon abzuhalten, Yam zu fressen" Achebe (1984:38) behauptet im Gegenteil, dass es schlecht war, dass Präsident Shahu Shagari das Ausmaß der Korruption in seiner Regierung in alarmierendem Ausmaß geleugnet hat. Als Reaktion auf die obige Behauptung in The Weekly Star vom 15. Mai 1983 argumentiert Achebe: "Eine Ziege braucht Yam, denn Yam ist Nahrung für Ziegen. Ein Nigerianer braucht keine Korruption, und Korruption ist auch keine notwendige Nahrung für Nigerianer. Er behauptet weiter, dass die Nigerianer korrupt sind, weil das System, in dem sie heute leben, die Korruption leicht und profitabel macht; sie werden aufhören, korrupt zu sein, wenn die Korruption schwierig und unbequem wird.

Auch The National Concord vom 15. Mai 1983 berichtete unter dem Titel **Fraud at P and T**, dass der Bundesminister für Kommunikation unter Präsident Shehu Shagari, Audu Ogbe, sagte, dass "die Bundesregierung jeden Monat 50 Millionen NGN an Gehältern an nicht existierende Arbeiter verliert" (Achebe, 1984:39). Dies ist das, was im Volksmund als "Ghost Workers" bekannt ist. Außerdem berichtet die Daily Time vom 15. Mai 1983 unter der Überschrift **The Fake Importers (Die falschen Importeure) über** nigerianische Importeure, die knappe Devisen bei der Zentralbank beantragt und erhalten haben, "angeblich" um Rohstoffe im Ausland zu bezahlen, das Geld aber auf ihren Banken im Ausland lassen und Container mit Schlamm und Sand nach Lagos verschiffen (Achebe, 1984:40)

Das Ausmaß der Korruption in Nigerias Zweiter Republik beschreibt Achebe (1984:41) so: *"Die Korruption hat seit Beginn der Zweiten Republik in Vielfalt, Ausmaß und Unverfrorenheit enorm zugenommen, weil sie durch Haushaltsmissbrauch und politischen Klientelismus in einem noch nie dagewesenen Ausmaß extravagant angeheizt worden ist".* Er fügte hinzu, dass *"öffentliche Gelder routinemäßig an politische Verbündete und persönliche Freunde unter dem Deckmantel von Verträgen zur Ausführung öffentlicher Arbeiten der einen oder anderen Art oder von Lizenzen für die Einfuhr beschränkter Waren verteilt wurden".*

Er argumentiert weiter, dass *"ein politischer Auftragnehmer keinerlei Fachwissen oder gar die Absicht hat, den Auftrag auszuführen. Er wird den Vertrag einfach an einen Dritten verkaufen und die Provision in Höhe von Hunderten von Naira oder sogar Millionen dafür kassieren, dass er als ausführendes Organ agiert." Alternativ kann er Geld auftreiben, indem er den Vertrag nicht verkauft, sondern eine "Mobilisierungsgebühr" aus der Staatskasse kassiert, den Vertrag vorläufig oder für immer beiseite legt, sich einen Mercedes Benz kauft und durch offene und massive Bestechung ein Wahlamt anstrebt. Wenn er trotz all seiner Bemühungen nicht nominiert wird oder eine Wahlniederlage erleidet, kann er mit einem Ministeramt belohnt werden. Sollte er als Minister in einen schweren Finanzskandal verwickelt werden, wird der Präsident ihn umgehend in ein anderes Ministerium versetzen.*

Der endemische Charakter der Korruption in der Zweiten Republik Nigerias veranlasste Achebe (1984:42) zu der Behauptung, dass *"Nigeria ohne jeden Zweifel eine der korruptesten Nationen der Welt ist und dass es in den dreiundzwanzig Jahren unserer Unabhängigkeit keinen einzigen hohen Beamten gegeben hat, der für offizielle Korruption zur Rechenschaft gezogen worden wäre"*.

Die Frage ist, ob sich die Situation seit der Zweiten Republik (1979-1983) geändert hat. Fashagba, (2009:445) stellt fest, dass die Nominierung von Professor Babalola Borisade für das Ministeramt im Jahr 2003 dreimal vom nigerianischen Senat abgelehnt wurde. Der Grund dafür war, dass das Bildungsministerium, dem er von 1999 bis 2003 vorstand, von Krisen geplagt war. Dies lag daran, dass 2001 alle nigerianischen Universitäten fast sechs Monate lang streikten, weil er nicht in der Lage war, den Arbeitskampf zwischen der Academic Staff Union of Universities (ASUU) beizulegen. Professor Babalola Borisade wurde jedoch später nach vier bis fünf Monaten bestätigt, was Fashagba (2009:445) als "Politik hinter den Kulissen und Lobbyarbeit des Präsidenten" bezeichnet. Dennoch rief Alhaji Shehu Shagari eine ethische Revolution ins Leben, um die Korruption zu bekämpfen, die jedoch nichts Sinnvolles bewirkte. All diese korrupten Praktiken, die die Zweite Republik kennzeichneten, führten am 31. Dezember 1983 zu einer Militärintervention, bei der die Putschisten die Art der Korruption, die die Zweite Republik kennzeichnete, als Grundlage für ihr Eingreifen in die politische Szene Nigerias anführten.

Folglich richtete General Muhammadu Buhari ein Militärgericht ein, um korrupte Politiker während der Zweiten Republik vor Gericht zu stellen und strafrechtlich zu verfolgen, von denen die meisten wegen verschiedener korrupter Vergehen ins Gefängnis kamen. General Muhammadu Buhari rief den Krieg gegen die Disziplinlosigkeit aus, um die politische Landschaft Nigerias von Korruption zu säubern. Dies war jedoch nur von kurzer Dauer, da das Regime nach dem Putsch gegen das Regime von General Ibrahim Babangida im August 1985, der als eine Zeit beschrieben wurde, in der die Korruption in Nigeria zunahm, zum Stillstand kam. Es war auch eine Zeit, in der die Korruption "institutionalisiert" wurde und Präbendalismus an der Tagesordnung war, da Beamte ungestraft aus der Staatskasse stahlen. Es war eine Zeit, die von einigen Nigerianern als "you chop and chop" beschrieben wurde, was soviel bedeutet wie "du stiehlst, ich stehle", also kein "Grund zur Sorge". 1988 richtete die Bundesregierung bei der Zentralbank ein "Dedication and Other Special Account" ein, auf dem die Erlöse aus dem Verkauf von Rohöl für besondere Projekte und die Einnahmen aus dem Ölreichtum während des Golfkriegs 1991 angespart wurden. Es stellte sich jedoch heraus, dass von den 12,4 Milliarden US-Dollar, die auf dem Konto verbucht wurden, 12,2 Milliarden US-Dollar innerhalb von sechs Jahren nicht verbucht werden konnten (Osoba, 1996) (Osumah & Aghedo, 2014).

In ähnlicher Weise stellt Charles (2006) fest: "1992 klaffte bei der Nigerian National Petroleum Company (NNPC) eine Lücke von 2,7 Milliarden Dollar, was 10 Prozent des gesamten BSP des Landes entspricht, zwischen dem, was internationale Experten sagen, und dem, was sie angeblich eingenommen hat. Es wird vermutet, dass das Geld auf ein Offshore-Bankkonto der Militärführung umgeleitet wurde". Am 27. August 1993 übergab General Ibrahim Babagida die Macht an eine nationale Übergangsregierung unter der Führung von Chief Earnest Sheneko, nachdem die Wahlen vom 12. Juni 1993 annulliert worden waren. Drei Monate nach dem Amtsantritt von Chief Earnest Sheneko als Präsident von Nigeria stürzte der verstorbene General Sani Abacha, der Verteidigungsminister von General Ibrahim Babagida war, durch einen Palastputsch die Übergangsregierung.

Während des Regimes von General Sani Abacha nahm die Korruption zu, da keine nennenswerten Anstrengungen zur Eindämmung der Korruption unternommen wurden. Vielmehr wurde General Sani Abacha beschuldigt, Milliarden von Naira auf ausländische Konten gestohlen zu haben, die erst nach seinem Tod am 8. Juni 1994 zurückgeholt wurden. Außerdem berichtete African News online am 2. November 1998, dass der verstorbene Abacha ein Vermögen von drei bis sechs Milliarden Dollar hinterlassen hat. Der verstorbene Abacha besaß in Nigeria etwa 500 Immobilien, darunter einige Regierungsgebäude, die er illegal in sein Eigentum umwandelte. Die fünfjährige Amtszeit des verstorbenen Abacha war von Korruption und grober Missachtung der Rechtsstaatlichkeit geprägt. Andere Mitglieder des Kabinetts des verstorbenen Abacha wurden ebenfalls beschuldigt, Geld aus der Staatskasse für persönliche Zwecke abgezweigt zu haben, darunter der ehemalige Finanzminister Anthony Ani und der ehemalige nationale Sicherheitsberater Ismail Gwarzo (Guardian Newspaper, 11. November 1998 in Aina, 2007).

Das Crossroad Magazine (2012:11) berichtete, dass *"der verstorbene General Sani Abacha mit bis zu 5 Milliarden Dollar an gestohlenen Geldern in die Top Five von Transparency International aufgenommen wurde, d. h. er gilt als einer der korruptesten Führer der jüngeren Geschichte".* Das Magazin berichtete auch, dass 2002 im Rahmen einer außergerichtlichen Einigung mit der Familie des verstorbenen General Sani Abacha 1 Milliarde Dollar an Nigeria zurückgegeben wurde. Es wurde auch berichtet, dass im Jahr 2005, als andere Beutegüter des verstorbenen Generals Sani Abacha in der Schweiz rechtlich in der Schwebe waren, ein Schweizer Anwalt eine Taktik anwendete, um die Blockade zu durchbrechen, die es der Schweizer Regierung ermöglichte, 505 Millionen Dollar an die nigerianische Regierung zurückzugeben. In der Liste der Länder, in denen die Beute des verstorbenen Generals Sani Abacha aufbewahrt wurde, haben das Vereinigte Königreich, Luxemburg, Liechtenstein und andere Institutionen und Länder als Ergebnis separater Verfahren weitere 700 Millionen Dollar zurückgegeben. Das Crossroad Magazine (2012:11) gibt ebenfalls an, dass bisher 2,2 Milliarden Dollar aus der Beute des verstorbenen Generals Sani Abacha wiedergefunden wurden.

Dies zeigt das Wesen der Korruption während des Regimes des verstorbenen Generals Sani Abacha. Eine Frage, die nach einer Antwort verlangt, ist, was mit einem Teil der Gelder geschieht, die von General Abachas in- und ausländischen Konten eingezogen wurden. Charles (2006) argumentiert, dass General Abdulsalami Abubakar (rtd.) vor der Machtübergabe an den ehemaligen Präsidenten Olusegun Obasanjo etwa 750 Millionen Dollar vom Konto der Familie Abacha erhalten hat. Außerdem hat die Regierung von General Abdulsalami Abubakar nach der plötzlichen Demonstration von General Sani Abacha im Juni 1998 rund 750 Millionen Dollar von den Konten der Familie Abacha zurückgegeben. Obasanjos Regierung überzeugte die Schweizer Bankbehörden, mehr als 600 Millionen Dollar an Abacha-Guthaben einzufrieren und fast 140 Millionen Dollar zurückzugeben. Banken auf der Insel Jersey haben 149 Millionen Dollar an die nigerianische Regierung zurückgegeben. Wenn die Schätzungen der Regierung zutreffen, verfügen die Abachas immer noch über 3 Milliarden Dollar auf ausländischen Bankkonten, und wer weiß, wie viel andere Mitglieder des ehemaligen Militärregimes darüber hinaus besitzen (Charles, 2006).

Im Jahr 2015 berichtete die Online-Zeitung Vanguard jedoch, dass ein Teil der Beute des verstorbenen Generals Sani Abacha "2006 in Luxemburg beschlagnahmt wurde; auf Anweisung der Schweizer Behörden. Die Abacha-Familie hatte außerdem rund 500 Millionen Dollar (530 Millionen Euro) in Schweizer Banken deponiert, die jedoch bereits an Nigeria zurückgegeben wurden. Die 380 Millionen Dollar werden unter der Aufsicht der Weltbank zurückgegeben, sagte die Staatsanwaltschaft. Die Behörden haben außerdem beschlossen, das 1999 eingeleitete Verfahren gegen Abba Abacha einzustellen. Der Sohn von General Sani Abacha war 2012 wegen Beteiligung an einer kriminellen Vereinigung zu einer einjährigen Haftstrafe auf Bewährung verurteilt worden. Das oberste Gericht der Schweiz hob das Urteil im Mai 2014 aus verfahrensrechtlichen Gründen auf. Die Genfer Staatsanwaltschaft erklärte am Dienstag, Abba Abacha sei von 2004 bis 2006 bereits 561 Tage inhaftiert gewesen, ohne eine Entschädigung zu erhalten. Die Abacha-Affäre begann 1999, als Nigeria die Schweizer Justizbehörden um Hilfe bei der Wiedererlangung von 2,2 Milliarden Dollar (2 Milliarden Euro) bat, die Sani Abacha während seiner Amtszeit veruntreut und abgezweigt hatte. http://www.vanguardngr.com/2015/03/abacha-loot-switzerland-to-return-380m-to-nigeria.

Nach dem Tod von General Sani Abacha am 8. Juni 1994 wurde General Abdulsalami Abubakar (rtd.), der die 82. Division in Enugu kommandierte, zum Staatschef ernannt; er entwarf einen Zeitplan für den Übergang zu einer demokratisch gewählten Regierung am 29. Mai 1999, was er auch tat und sowohl national als auch international Beifall fand. Obwohl General Abdulsalami keine nennenswerten Anstrengungen unternahm, um die Korruption in Nigeria einzudämmen, wurde seine Regierung in den wenigen Monaten, die er als Staatschef verbrachte, der Korruption beschuldigt. Allerdings wurde der Schwerpunkt auf den Zeitplan für den Übergang gelegt, der die Übergabe der Macht an ein demokratisch gewähltes Regime am 29. Mai 1999 ermöglicht, ohne zu prüfen, ob sein Regime Fälle von Korruption zu verantworten hatte.

Am 29. Mai 1999 wurde Chief Olusegun Obasanjo als Präsident von Nigeria vereidigt. Charles (2006) argumentiert, dass die Obasanjo-Regierung die Schweizer Bankbehörden davon überzeugt hatte, mehr als 600 Millionen Dollar an Abacha-Guthaben einzufrieren und 149 Millionen Dollar an die nigerianische Regierung zurückzugeben. Wenn die Schätzungen der Regierung zutreffen, verfügen die Abachas immer noch über 3 Milliarden Dollar auf ausländischen Bankkonten. Als er sein Amt antrat, erkannte er die Art der Korruption, die das Land heimgesucht hatte.

Die Regierung von Präsident Obasanjo richtete jedoch 2001 auf der Grundlage des ICPC-Gesetzes (ICPC Act 2001) die Unabhängige Kommission für Korruptionsbekämpfung und andere damit zusammenhängende Straftaten (ICPC) ein und gründete 2003 auf der Grundlage des EFCC-Gesetzes (EFCC Act 2003) die Zwillingsschwester der

Korruptionsbekämpfungsbehörde, die Economic and Financial Crimes Commission (EFCC). Dies zeigte das Engagement der Regierung Obasanjo im Kampf gegen die Korruption in Nigeria. Leider wurden die Korruptionsbekämpfungsbehörden während Obasanjos Amtszeit als Präsident zur Hexenjagd auf politische Feinde eingesetzt. Diese so genannten politischen Feinde waren zwar korrupt, aber diejenigen, die nicht seine politischen Feinde waren, durften ungestraft dem Gesetz entkommen, was ein schwerer Schlag für den Anti-Korruptions-Kreuzzug seiner Regierung war. Die Korruptionsbekämpfung der Regierung Obasanjo wurde jedoch verschärft, da der ICPC und die EFCC als Werkzeuge oder Maschinen in den Händen des Präsidenten angesehen wurden, um seine korrupten politischen Feinde oder Gegner, die ebenfalls korrupt waren, zu jagen. Die Regierung des verstorbenen Präsidenten Umar Musa Yar'adua tolerierte zwar keine Korruption, aber die Art und Weise, wie der Fall von Chief Jame Ibori gehandhabt wurde, wird nicht so schnell in Erinnerung bleiben, bevor er in Großbritannien zu einer Gefängnisstrafe verurteilt wurde. Obwohl die Exekutive während seiner Amtszeit die Korruptionsbekämpfungsbehörden nicht manipulierte, wurden die Antikorruptionsgesetze in Nigeria während der Amtszeit von Obasanjo nicht ordnungsgemäß durchgesetzt, und es gab Fälle, in denen einige heilige Kühe ungestraft davonkamen, insbesondere der Fall von Iyabo Bello Obasanjos Betrug im Zusammenhang mit Milliardenbeträgen für den Gesundheitssektor, als sie Vorsitzende des Senatsausschusses für Gesundheit war, der nicht untersucht wurde, und der Fall der Milliardenbeträge für den Energiesektor unter der Führung von Präsident Olusegun Obasanjo und andere Fälle von Korruption, die nicht untersucht wurden.

Nach dem Tod von Präsident Umar Musa Yar'adua am 5. Mai 2010 übernahm Präsident Goodluck Ebele Jonathan das Amt des amtierenden Präsidenten und später das des Präsidenten von Nigeria. Vom 6. Mai 2010, als er amtierender Präsident war, bis zu seiner Bestätigung als Präsident spielte seine Regierung als amtierender Präsident keine nennenswerte Rolle bei der Korruptionsbekämpfung. Seit dem 29. Mai 2011 hat seine Regierung jedoch kein Engagement im Kampf gegen die Korruption gezeigt, als der ehemalige Sprecher des Repräsentantenhauses, Oladimeji Saburi Bankole, am 5. Juni 2011 zum ersten Mal wegen Korruptionsvorwürfen in Höhe von über 10 Milliarden Naira vor einem Gericht in Abuja angeklagt wurde und der Fall später unter den Teppich gekehrt wurde.

Erwähnenswert ist der Korruptionsfall, der James Onanefe Ibori, dem ehemaligen Gouverneur des Staates Delta im Süden Nigerias, zugeschrieben wird. Im **Crossroad**

Magazine (2012:11) wurde berichtet, dass die britische Metropolitan Police im Jahr 2007 eine Razzia in den Londoner Büros des Anwalts Bhadresh Gohil durchführte, der James Onanefe Iboris Anwalt war. Die Polizei fand Computerfestplatten mit Angaben zu unzähligen Offshore-Firmen, die von Bhadresh Gohil, dem Treuhänder Daniel Benedict McCann und dem Finanzier Lambertus De Boer für James Onanefe Ibori geführt wurden und die alle ins Gefängnis kamen.

Ein besorgniserregender Punkt in der Korruptionssaga um James Onanefe Ibori war die Tatsache, dass er trotz seiner Verhaftung und Anklage durch die Kommission für Wirtschafts- und Finanzkriminalität (EFCC) wegen Diebstahls öffentlicher Gelder, Amtsmissbrauchs und Geldwäsche vor einem Bundesgericht in Asaba im Bundesstaat Delta im Süden Nigerias von allen 170 gegen ihn erhobenen Korruptionsvorwürfen entlastet und freigesprochen wurde. Die anschließende Verhaftung von James Onanefe Ibori im Vereinigten Königreich macht das nigerianische Justizsystem jedoch zum Gespött.

Im April 2010 floh James Onanefe Ibori jedoch laut Crossroad Magazine (2012:12) aus Nigeria nach Dubai, woraufhin die Economic and Financial Crimes Commission (EFCC) Interpol um Hilfe bat. Das Glück war ihm hold, als er am Dienstag, den 17. April 2012, an das Vereinigte Königreich ausgeliefert und vor dem Southwark Crown Court zu 13 Jahren Haft für seine Geldwäsche verurteilt wurde, an der auch seine Schwester Chritine Ibie-Ibori und sein Komplize Udoamaka Okoronkwo beteiligt waren.

Es gibt mehrere Korruptionsfälle, die um eine Untersuchung und Strafverfolgung "betteln", aber unter den Teppich gekehrt wurden, wie der Polizeirentenbetrug, der nigerianische Börsenbetrug, der Kraftstoffsubventionsbetrug, der N.N.P.C.-Betrug, bei dem die Erdölministerin Diezani Alison Maduekwe beschuldigt wurde, einen Jet für ihren offiziellen Auftrag gekauft zu haben, der im Jahreshaushalt nicht vorgesehen war, der Luftfahrtbetrug, bei dem die frühere Luftfahrtministerin Stella Oduh beschuldigt wurde, 225 Millionen NGN für ihren Dienstwagen ausgegeben zu haben, der im Jahreshaushalt nicht vorgesehen war. Stella Oduh wurde beschuldigt, 225 Mio. NGN für ihren Dienstwagen ausgegeben zu haben, der im Jahreshaushalt nicht vorgesehen war, und der C.B.N.-Betrug wurde unter den Teppich gekehrt, so wie es bei den bekanntesten Korruptionsfällen in Nigeria, insbesondere seit 2011, immer der Fall war.

*In Obasanjos 18-seitigem Brief mit dem Titel **"Bevor es zu spät ist"** an Präsident Jonathan vom 2. Dezember 2013 heißt es: "...die schwerwiegende und starke Behauptung, dass die Zentralbank aus dem Export von etwa 300.000 Barrel pro Tag im*

Wert von 900 Millionen Dollar pro Monat, die raffiniert werden sollen, und mit raffinierten Produkten im Wert von nur 400 Millionen Dollar, die von Shell verkauft und im Namen von NPDC verwaltet werden, keine Überweisung auf das NPDC-Konto erhalten hat, ist unglaublich. Diese Behauptung wurde durch den Brief des Gouverneurs der Zentralbank von Nigeria an Sie über die Nichtüberweisung an die Zentralbank untermauert. Diese Anschuldigung wird nicht durch Nichtstun, Vertuschung, Leugnen oder Bestechung möglicher Ermittler verschwinden. Bitte gehen Sie mit dieser Anschuldigung transparent um und lassen Sie die Wahrheit ans Licht kommen" (Ishowo, 2015).

In ähnlicher Weise heißt es in Präsident Jonathans Antwort auf Obasanjos Brief mit dem Titel "Re-Before it is too late" (Bevor es zu spät ist): *"...and while you are at it, you may also wish to tell Nigerians the true story of questionable waivers of signature bonuses between 2000 and 2007..."* (Ishowo, 2015). Eine kritische Analyse der Position sowohl von Präsident Obasanjo als auch von Präsident Jonathan zeigt, dass beide zu einem bestimmten Zeitpunkt ihrer Amtszeit in korrupte Praktiken verwickelt waren. Am 13.th März 2013 begnadigte der Nationale Staatsrat unter Präsident Goodluck Ebele Jonathan die folgenden toten und lebenden Nigerianer. Dazu gehören der ehemalige Gouverneur des Bundesstaates Bayelsa, Diepriye Solomon Peter Alamieyeseigha, General Oladipo Diya (rtd), Major Bello Magaji Mohammed Lima Biu, Generalmajor Abdulkarim Adisa, Major Segun Fadipe und der ehemalige Chef der Bank of the North, Shettima Bulama. Obwohl der nigerianische Staatsrat dies im Einklang mit den Bestimmungen der Verfassung von 1999 in der Fassung von 2011 tat. Die von den Nigerianern und der internationalen Gemeinschaft aufgeworfene Frage, insbesondere der Fall des ehemaligen Gouverneurs des Bundesstaates Bayelsa, Diepriye Solomon Peter Alamieyeseigha, der in London wegen des Vorwurfs der Geldwäsche "auf Kaution freikam", ist jedoch nicht neu. Ausgehend von den oben genannten Beispielen hochkarätiger Korruptionsfälle, die die Regierung von Präsident Goodluck Jonathan kennzeichneten, zeigt sich zu Recht, dass seiner Regierung der politische Wille zur Korruptionsbekämpfung fehlt und dass seine Regierung direkt und indirekt von der Korruption profitiert, warum sonst werden hochkarätige Korruptionsfälle in Nigeria vom Präsidenten und den Antikorruptionsinstitutionen ignoriert? Allerdings hat die Regierung von Präsident Goodluck Jonathan seit 2011 wenig oder gar kein Engagement im Kampf gegen die Korruption in Nigeria gezeigt, da es mehrere Korruptionsvorwürfe gibt, die vom Betrug in der Luftfahrt reichen, bei dem die ehemalige Luftfahrtministerin Stella Oduah 225

Millionen Naira für den Kauf ihres Dienstwagens beiseite gelegt hat, was außerhalb des Haushalts des Luftfahrtministeriums für das Haushaltsjahr 2014 lag, woraufhin die Nigerianer massiv reagierten und ihre Entlassung forderten. Es dauerte jedoch Monate, bis Präsident Jonathan sie absetzte.

Zu den weiteren Korruptionsvorwürfen gehören die fehlenden 20 Milliarden Naira aus dem nicht verbuchten Fonds der Nigerian National Petroleum Corporation (NNPC) und der Rentenbetrug, bei dem die Ruhestandsgelder von Nigerianern, die hart für die Nation gearbeitet haben, von einigen wenigen Personen geplündert wurden, die ungestraft davonkommen, Noch schlimmer ist die endemische Korruption, die von Politikern bei den Vorwahlen der Parteien an den Tag gelegt wird, sowie die extravagante und rücksichtslose Art der nigerianischen Politiker während der Regierung von Präsident Jonathan, die trotz der Existenz von EFCC und ICPC eine eklatante Missachtung der Rechtsstaatlichkeit darstellt.

Es ist auch wichtig festzustellen, dass das Regieren während der Regierung von Präsident Jonathan so teuer geworden ist, dass die Parteidelegierten für Gouverneurskandidaten Millionen von Naira und materielle Vorteile wie Autos erhalten. Außerdem gibt es offene Spenden zur Finanzierung der Präsidentschaftskampagne des Präsidenten in Höhe von über 36 Milliarden Naira. Außerdem wurde behauptet, dass die Christian Association of Nigeria (CAN) mit 7 Milliarden Naira bestochen wurde. Pastor Kallamu Musa-Dikwa, ein Pastor aus dem Bundesstaat Borno, beschuldigte die CAN, Bestechungsgelder von Präsident Jonathan angenommen zu haben, um gegen den Präsidentschaftskandidaten des All-Progressive Congress, Generalmajor Muhammadu Buhari (rtd), zu werben (www.vanguardngr.com).

KAPITEL DREI

THEORIEN/ANSÄTZE ZUR UNTERSUCHUNG DER KORRUPTION

"Das Problem mit Nigeria ist schlicht und ergreifend ein Versagen der Führung. Es ist nichts grundsätzlich falsch mit dem nigerianischen Charakter, es ist nichts falsch mit dem nigerianischen Land oder Klima oder Wasser oder Luft oder irgendetwas anderem.
- Chinua Achebe
"Korruption hat keine Religion"
"Jeder, der Bestechungsgelder annimmt, belastet sein Gewissen. Hinter jedem Geschenk steht eine Verpflichtung. Das ist die Macht der Bestechung"
- Umur Kaoje

Es gibt eine Reihe von Theorien und Perspektiven, die von Wissenschaftlern zur Erklärung von Korruption entwickelt und verwendet wurden. Wir werden einige dieser Theorien in diesem Kapitel untersuchen. Außerdem werden wir in diesem Kapitel einige wichtige Theorien zur Korruption heranziehen, um die Art der Korruption in Nigeria zu untersuchen. Die folgenden Theorien und Perspektiven der Korruption werden in diesem Kapitel untersucht, nämlich:

WIRTSCHAFTSPOLITISCHE PERSPEKTIVE

Die politische Ökonomie, auch bekannt als Marxscher Ansatz oder Klassenanalyse, ist für das Verständnis der Korruption in Nigeria unerlässlich. Denn der Ansatz der politischen Ökonomie bietet uns eine bessere Möglichkeit, die Gesamtheit des wissenschaftlichen Analysemodus und den Kontext, in dem die Korruption in Nigeria stattfindet, zu erklären, vorzuschreiben und vorherzusagen.

Darüber hinaus gibt sie uns ein Instrument an die Hand, um die materielle Produktion in Nigeria und die Grundlagen der sozialen Kräfte und Klassen zu verstehen. Als Ansatz hat sie sowohl wirtschaftliche als auch politische Inhalte, so wie Korruption sowohl wirtschaftliche als auch politische Dimensionen hat. Außerdem ermöglicht uns der theoretische Rahmen der politischen Ökonomie ein besseres Verständnis politischer Phänomene wie der Korruption, da er uns zeigt, dass die Grundlage allen sozialen Lebens auf wirtschaftlichen Beziehungen beruht.

Die wirtschaftliche Ungleichheit hat jedoch das Funktionieren der politischen Demokratie in Nigeria verhindert, da die politische Macht dazu neigt, die wirtschaftliche Macht zu polarisieren. Die Ungleichheit führt zu Unterdrückung, wie sie heute in Nigeria zu beobachten ist (Olawole, in Aina, 2007).

Baran (1959) stellte zu Recht fest, dass der theoretische Rahmen der politischen Ökonomie es uns auch ermöglicht, gesellschaftliche Werte und Ethik in Bezug auf die wirtschaftlichen Bedingungen in Nigeria zu verstehen. Die wachsende Kluft zwischen den Klassen in Nigeria hat zu Armut unter den Proletariern in Nigeria geführt, und diese Ungleichheit hat auch zu einem Anstieg sozialer Laster wie Diebstahl, Bestechung, Entführung, Prüfungsmissbrauch, Prostitution usw. geführt.

Der theoretische Rahmen der politischen Ökonomie erforscht die Tiefe von Themen (wie Korruption), die Verflechtung von Phänomenen, Politiken usw., um ihren klassenmäßigen Ursprung, ihren Charakter und ihre Zusammensetzung sowie die Logik ihrer Existenz und ihrer Zukunft zu erkennen. Es handelt sich also nicht um eine oberflächliche Untersuchung. Außerdem fügten sie hinzu, dass der Ansatz der politischen Ökonomie tief in Prozesse und Politiken eindringt, ihr Wesen offenlegt und so konkrete Formen ihrer Manifestationen im Alltag erklärt (Momoh, & Hundeyin, 1999).

Momoh & Hundeyin (1999) sind der Meinung, dass der theoretische Rahmen der politischen Ökonomie es uns auch ermöglicht, "in die Tiefe der Probleme, die Verbindung von Phänomenen, Politiken usw. vorzudringen, um ihre Ursprungsklasse, ihren Charakter und ihre Zusammensetzung sowie die Logik ihrer Existenz und Zukunft zu erkennen. Außerdem fügten sie hinzu, dass der Ansatz der politischen Ökonomie "tief in Prozesse und Politiken eindringt, ihr Wesen offenlegt und so konkrete Formen ihrer Manifestationen im Alltag erklärt". In diesem Text wird der Ansatz der politischen Ökonomie verwendet, um den Ursprung der Korruption in Nigeria, ihre Dimensionen, Auswirkungen, Antikorruptionsgesetze und die Rolle der Regierung bei der Korruptionsbekämpfung in Nigeria zu untersuchen.

Die Korruption hat jedoch die wirtschaftliche Armut und Ungleichheit in Nigeria verstärkt. Dadurch wird die wirksame Ausübung der Demokratie behindert. Zum Beispiel hat die endemische Natur der Korruption die nigerianische politische Klasse dazu veranlasst, die Wahlperiode als eine Möglichkeit zu betrachten, Stimmen von den Wählern zu kaufen, die bereit sind, sie an den Meistbietenden zu verkaufen, ohne sich um die politischen Auswirkungen aufgrund ihrer Armut zu kümmern. Dies erklärt, wie die permanente Wählerkarte (PVC) auf dem Schwarzmarkt zwischen 10.000 und 20.000 NGN verkauft wurde. So werden Wahlen von den Wählern als eine Zeit wahrgenommen, in der sie ihre Stimme verkaufen können, und so freuen sie sich oft darauf, denn in den meisten Fällen sind die Wahlen mit Wahlbetrug behaftet.

Darüber hinaus hilft uns der theoretische Rahmen der politischen Ökonomie, die Grundlagen der sozialen Entwicklung in Nigeria zu verstehen. Er liefert uns auch die Grundlage für das Verständnis der sozialen Beziehungen der Menschen im

Produktionsprozess in Nigeria und zeigt, wie diejenigen, die die vorherrschenden Produktionsmittel besitzen und kontrollieren (Bourgeoisie), alle Facetten der nigerianischen Wirtschaft kontrollieren und eine Politik betreiben, die ihre Interessen weiter fördert und schützt.

Insgesamt bietet uns der politökonomische Ansatz einen ganzheitlichen Blick auf das Wesen der Korruption in Nigeria und wie sie sich auf die verschiedenen Segmente der Gesellschaft auswirkt, sei es in der Wirtschaft, im politischen Bereich, in der soziokulturellen Kluft sowie zwischen den Klassen in der Gesellschaft.

INSTITUTIONALISTISCHE PERSPEKTIVE

Diese Perspektive auf Korruption unterscheidet häufig zwischen politischer, bürokratischer und wirtschaftlicher Korruption (Dahlstrom, Lapuente & Jan Teorell, 2009); (Mbaku, 2000) zitiert in Chipkin, 2013) Mbaku (2005) argumentiert, dass Korruption in Afrika (einschließlich Nigeria) "eine direkte Folge schlecht gestalteter institutioneller Arrangements und verzerrter Anreizstrukturen" ist, bezieht dies aber nicht in seine Analyse ein (Chipkin, 2013) Im Rahmen dieser Perspektive sind schwache Institutionen in Nigeria die Ursache für Korruption. Wenn diese schwachen Institutionen in Nigeria entwickelt werden, wird die Korruption unweigerlich bekämpft werden.

Die institutionelle Perspektive zieht ihre Argumente jedoch aus Public-Choice-Modellen des menschlichen Verhaltens, die die Aufteilung der Gesellschaft in öffentlich und privat analysieren. Sie liefert uns auch ein nützliches Verständnis dessen, was eine öffentliche und private Sphäre ausmacht, die politische Konstruktionen sind, deren Grenzen und Wesen von den Konzepten und Ideologien abhängen, die in der sozialen und politischen Sphäre wirken (ebd.).

SOZIAL-PSYCHOLOGISCHE PERSPEKTIVE

Die sozialpsychologische Perspektive zum Verständnis von Korruption konzentriert sich auf das "menschliche Element" Madonsela (2010) argumentiert, dass der "wichtigste Faktor (für den Umgang mit Korruption) darin besteht, (...) menschliche Werte und Verhaltensweisen zu berücksichtigen". Wissenschaftler, die diesen Ansatz verfolgen, untersuchen Korruption im Kontext der politischen Kultur und der Organisationen, in denen Menschen handeln, denken, reden und Beziehungen unterhalten. Diese Perspektive betrachtet Korruption aus der Sicht der individuellen psychologischen Disposition als Ursache der Korruption. Die Betonung liegt hier darauf, dass Korruption ein Produkt der individuellen Werte und Verhaltensweisen ist. Daher kann sich ein Individuum entscheiden, korrupt zu sein oder nicht korrupt zu sein, was eine Funktion der individuellen Werte und des Verhaltens ist.

ELITE THEORIE

Die Verfechter der Elitetheorie werden Elitetheoretiker oder Elitisten genannt (Heywood 2007:84). Diese Theorie vertritt die Ansicht, dass es in Nigeria zwei Gruppen von Menschen gibt: die Elite, die eine Minderheit darstellt und regiert, und die Massen, die die größere Gruppe bilden und die Mehrheit in Nigeria darstellen. Es gibt jedoch drei Varianten der Elitetheorie, nämlich;

a. **Normativer Elitismus**, der eine Elitenherrschaft für wünschenswert hält: Die politische Macht sollte in den Händen einer weisen oder aufgeklärten Minderheit liegen (Heywood 2007:84 in Momoh, 2015b). Und selbst wenn eine weise oder aufgeklärte Minderheit identifiziert wird, bleibt die Frage, wie eine glaubwürdige weise oder aufgeklärte Minderheit identifiziert werden kann, ebenfalls ein Problem. Das liegt daran, dass Nigeria seit seiner Unabhängigkeit nicht in der Lage war, eine "weise oder aufgeklärte Minderheit" zu finden, der das Interesse der Nation am Herzen liegt. Chinua Achebes hat zu Recht festgestellt: "Das Problem Nigerias ist schlicht und ergreifend ein Versagen der Führung. Es ist nichts grundsätzlich falsch mit dem nigerianischen Charakter, es ist nichts falsch mit dem nigerianischen Land oder Klima oder Wasser oder Luft oder irgendetwas anderem.

Die Unfähigkeit des nigerianischen Staates, weise oder aufgeklärte Minderheiten zu wählen, die das Land regieren, ist verantwortlich für die endemische Natur der Korruption in Nigeria. Solange der nigerianische Staat keine klugen oder aufgeklärten Minderheiten wählt, die die Fähigkeit und Glaubwürdigkeit haben, das Land zu führen, wird das Problem der Korruption nicht gelöst werden. Wenn der nigerianische Staat also auf der Führungsebene nicht alles richtig macht, wird der Kampf gegen die Korruption vergeblich sein.

b. **Der klassische Elitismus** wurde von Gaetamo Mosca (1857-1941), Vilfredo Pareto (1848-1923) und Robert Michels (1876-1936) entwickelt, der argumentiert, dass die Herrschaft von Eliten unvermeidlich ist, eine unveränderliche Tatsache der sozialen Existenz (Heywood 2007:84 in Momoh, 2015b)

Mosca (1939) behauptet, dass es in allen Gesellschaften "zwei Klassen von Menschen gibt - eine Klasse, die herrscht, und eine Klasse, die beherrscht wird". Er vertritt den Standpunkt, dass die Ressourcen, die für die Herrschaft in Nigeria erforderlich sind, immer ungleich verteilt sind und eine geschlossene Minderheit (Elite) immer in der Lage war, die Massen zu manipulieren und zu kontrollieren (ein großer Prozentsatz der armen

Nigerianer), wie es heute in der nigerianischen Demokratie der Fall ist, wo 10 % der Bürger die Elite bilden, während die restlichen 90 % die Masse darstellen (Momoh, 2015b).

Pareto (1935) argumentiert, dass die Eliten, die zum Regieren benötigt werden, einem von zwei psychologischen Typen angehören: "Füchse" (die durch List regieren und in der Lage sind, die Zustimmung der Massen zu manipulieren) und "Löwen" (deren Herrschaft typischerweise durch Zwang und Gewalt erreicht wird) (Heywood 2007:84 in Momoh, 2015b). Ausgehend von Paretos Behauptung lassen sich in Nigeria zwei Arten von Eliten ausmachen: Die Füchse sind schlau und nicht in der Lage zu regieren, weil sie "schwer" korrupt sind, entweder aufgrund ihrer früheren schmutzigen Geschäfte während ihrer Amtszeit oder weil sie mit früheren korrupten Führern verbündet sind. In der Regel stellen die Füchse Gelder für Eliten bereit, die von den Nigerianern respektiert werden, um eine Wahl zu bestreiten, wobei die gesponserte Elite je nach Vereinbarung monatlich oder wöchentlich Schmiergelder erhält. Dies ist der Grund für die Patenschaft in der nigerianischen Politik, die politische Paten hervorbringt, die im Allgemeinen definiert werden als "Männer, die die Macht haben, persönlich zu bestimmen, wer für die Wahlen nominiert wird und wer in einem Staat gewinnt". (http://news.bbc.co.uk/1/hi/world/africa/3156540.stm).

Die Lion-Elite hingegen ist herrschsüchtig. Sie hat vielleicht nicht die gewünschten Eigenschaften, um zu regieren, aber sie "erkauft" sich oft den Weg in den Korridor der Macht aufgrund ihres Reichtums und ihres starken Einflusses, den sie zur Wahlmanipulation nutzt. Sie haben auch eine Vorhut von Schlägern und Anhängern, die sie als Vorbild sehen. Einige dieser Anhänger gehen sogar so weit, dass sie T-Shirts und Logos tragen, die symbolisieren, dass sie mit ganzem Herzen hinter dieser Elite stehen, ohne Rücksicht darauf, ob die Elite eine schlechte Führungsbilanz hat oder korrupt ist. Normalerweise sind diese Anhänger immer bereit, Terror gegen jeden zu entfesseln, der etwas Schlechtes sagt oder die Persönlichkeit eines solchen Führers in Verruf bringt. Dies erklärt, warum die Beamten der Anti-Betrugs-Behörden (EFCC und ICPC) jedes Mal von einigen Übeltätern angegriffen werden, wenn sie versuchen, einige korrupte Politiker zu überführen.

Dies ist ein typisches Merkmal der meisten nigerianischen Führer. Denn die meisten nigerianischen Politiker geraten nur dann in einen Interessenkonflikt, wenn einige von ihnen bei der Aufteilung der "Staatsbeute" zu kurz kommen oder wenn die Machtkonstellation eine bestimmte Klasse nicht begünstigt, aber sicherlich nicht bei

Fragen von großer nationaler Bedeutung. Dies erklärt am besten die Streitigkeiten zwischen den Mitgliedern des Repräsentantenhauses.

Aus dem USAID-Bericht (2006) über Nigeria geht hervor, dass "die informelle Machtausübung der nigerianischen politischen Oligarchie mehr Kontrolle über das tägliche Leben ausübt als die formellen Institutionen. Die Hauptkluft im nigerianischen Gemeinwesen liegt zwischen den Mitgliedern der Oligarchie und den Bürgern. Da die Oligarchie von der Rechenschaftspflicht abgeschirmt ist, haben sich spektakuläre Formen der Korruption verfestigt und werden von den Beamten toleriert. Dies bedeutet, dass die Eliten in Nigeria mächtiger sind als die meisten staatlichen Institutionen, weshalb sie die staatlichen Institutionen nach Belieben herausfordern und deren Entscheidungen nach Belieben verletzen können. Dies erklärt, warum es für die Anti-Betrugs-Behörden (EFCC und ICPC) schwierig ist, mächtige Eliten wie ehemalige Präsidenten, die in der Vergangenheit mit bestimmten Korruptionsfällen in Verbindung gebracht wurden, strafrechtlich zu verfolgen.

Außerdem wurde durch die jahrzehntelange Militärherrschaft die enorme politische Macht in der Regierung in den Händen der nigerianischen Eliten zentralisiert, die die staatliche Kontrolle über Land und die allmächtige Ölindustrie ausweiteten. Ölbooms und -konkurse sowie die wirtschaftlichen Auswirkungen der Strukturanpassungsprogramme (SAPs) dezimierten die meisten Nicht-Öl-Industrien und brachten den Oligarchen, die die Petro-Renten kontrollieren, unvorstellbaren Reichtum. Infolgedessen wurde die Oligarchie außerordentlich reich, während etwa drei Viertel der Nigerianer in bittere Armut fielen, während die staatlichen Dienstleistungen verkümmerten und die Nicht-Erdölsektoren stagnierten. Diese Tendenzen haben die Vorherrschaft einer multiethnischen Oligarchie gestärkt, deren Macht sich aus ihrem politischen Monopol über den Staatsapparat und seine riesigen Ölrenten ableitet. Es ist wichtig festzustellen, dass es eine Kluft zwischen den Mitgliedern der Oligarchie, die die politischen Arenen kontrollieren und um die Aufrechterhaltung ihrer relativen Hegemonie kämpfen, und dem Großteil der Bevölkerung gibt, die sich durch die informellen Muster der patrimonialen Macht, die die öffentliche Entscheidungsfindung in Nigeria kontrolliert, entrechtet fühlt (USAID 2006).

c. Der moderne Elitismus wurde von C. Wright Mill als empirische Analyse entwickelt, ist jedoch kritischer und differenzierter in Bezug auf die Ursachen von Elitenherrschaft. Moderne Elitisten wie C. Wright Mill waren oft darauf bedacht, die Herrschaft von Eliten aufzuzeigen, in der Hoffnung, sie sowohl zu erklären als auch in Frage zu stellen

(Heywood 2007:84). Daher erklären moderne Elitisten die Herrschaft der Eliten und setzen sich kritisch mit ihr auseinander, da ein großer Teil der Korruption von den Eliten ausgeht, die die Angelegenheiten der öffentlichen Einrichtungen in Nigeria kontrollieren. Um das Problem der Korruption in Nigeria in den Griff zu bekommen, müssen sich die Nigerianer kritisch mit den Aktivitäten und der Politik der nigerianischen Führung auseinandersetzen und kritisch sein, wenn es darum geht, Politiker zu wählen, die die Korruption eindämmen und eine partizipative Regierungsführung fördern, die die Entwicklung in allen Bereichen des nigerianischen Staates vorantreibt.

Im Großen und Ganzen werden sich Wissenschaftler, die die Elitetheorie bei ihrer Untersuchung der Korruption in Nigeria anwenden wollen, auf die Eliten und nicht auf die Massen konzentrieren, da Korruption ein allgemeines Phänomen ist, das die Aktivitäten der Reichen und Mächtigen in Nigeria kennzeichnet, die die Elite bilden. Achebe (1984:38) stellt zu Recht fest, dass "Korruption mit Macht einhergeht; und was immer der Durchschnittsmensch haben mag, es ist keine Macht. Um eine sinnvolle Diskussion über Korruption zu führen, müssen wir sie daher zunächst dort verorten, wo sie hingehört - in den Reihen der Mächtigen", in diesem Zusammenhang der Eliten.

VIERTE KAPITEL

INDIKATOREN UND MESSUNG DER KORRUPTION IN NIGERIA

"Überall dort, wo es extreme Armut und keine nationale Krankenversicherung gibt, wo es keine Zusage für eine Gesundheitsversorgung unabhängig von der sozialen Stellung gibt, sind die Grenzen der marktwirtschaftlichen Gesundheitsversorgung deutlich zu erkennen.
-Paul Farmer
"Wenn die Armut erst einmal verschwunden ist, werden wir Museen bauen müssen, um künftigen Generationen ihre Schrecken zu zeigen. Sie werden sich fragen, warum die Armut in der menschlichen Gesellschaft so lange anhielt, wie einige wenige Menschen in Luxus leben konnten, während Milliarden in Elend, Entbehrung und Verzweiflung lebten.
-Muhammad Yunus

Wissenschaftler und Forscher haben eine Reihe von Indikatoren ermittelt, die zeigen, dass es in einem Land, einer Gesellschaft oder einer Gemeinschaft Korruption gibt. In diesem Kapitel werden wir uns darauf konzentrieren, herauszufinden, woran eine Einzelperson, eine Gruppe oder eine Organisation erkennt, dass es in Nigeria Korruption gibt. Die folgenden Indikatoren zeigen, dass Korruption in Nigeria existiert.

Laut Oye (2013) sind die Korruptionsindikatoren unerschöpflich und der Einfallsreichtum der an der Korruption Beteiligten kennt keine Grenzen! Sie sollten sich vorsehen:

a. Ungewöhnliche Barzahlungen

b. Druck auf dringende oder vorzeitige Zahlungen wird ausgeübt

c. Zahlungen werden über ein Drittland abgewickelt, z. B. Lieferung von Waren oder Dienstleistungen an Land "A", aber die Zahlung erfolgt in der Regel an eine Briefkastenfirma in Land "B".

d. Ungewöhnlich hoher Provisionsanteil, der an eine bestimmte Agentur gezahlt wird. Dieser kann auf 2 Konten für denselben Vertreter aufgeteilt werden, oft in verschiedenen Rechtsordnungen

e. Private Treffen mit öffentlichen Auftraggebern oder Unternehmen, die sich um Aufträge bewerben

f. Großzügige Geschenke werden angenommen

g. Die Person nimmt sich nie frei, auch nicht im Krankheitsfall oder im Urlaub, oder besteht darauf, sich selbst um bestimmte Auftragnehmer zu kümmern

h. Unerwartete oder unlogische Entscheidungen bei der Annahme von Projekten oder Verträgen

i. Ungewöhnlich reibungslose Bearbeitung von Fällen, in denen die betreffende Person nicht über das erwartete Maß an Wissen oder Erfahrung verfügt

j. Missbrauch von Entscheidungsprozessen oder übertragenen Befugnissen in bestimmten Fällen

k. Abschluss von Verträgen, die für die Organisation nicht vorteilhaft sind, sei es hinsichtlich der Bedingungen oder der Dauer

l. Ungeklärte Bevorzugung bestimmter Auftragnehmer während der Ausschreibungsfrist

m. Vermeidung unabhängiger Kontrollen von Ausschreibungs- oder Vergabeverfahren

n. Beseitigung von Hindernissen in Bezug auf bestimmte Rollen oder Abteilungen, die im Ausschreibungs-/Vertragsvergabeprozess eine Schlüsselrolle spielen

o. Umgehung des normalen Ausschreibungs-/Auftragsvergabeverfahrens

p. Rechnungen, die ohne triftigen Grund über den Vertrag hinaus vereinbart wurden

q. Fehlende Dokumente oder Aufzeichnungen über Sitzungen oder Entscheidungen

r. Nichteinhaltung von Unternehmensverfahren oder -richtlinien

s. Die Zahlung oder Bereitstellung von Geldern für hochwertige Ausgaben oder Schulgebühren usw. im Namen anderer.

Das Kommuniqué zur Nationalen Konferenz über Korruption und andere Wirtschaftsverbrechen in Nigeria, die vom Bundesjustizministerium im Nigerianischen Institut für Internationale Angelegenheiten, Victoria Island, Lagos-Nigeria, von Dienstag, 13.th , bis Donnerstag, 15.th , im Dezember 1988 veranstaltet wurde, ist das Ergebnis von einunddreißig Beiträgen, von denen vierzehn von namhaften Gelehrten und Forschern aus dem öffentlichen und privaten Sektor verfasst wurden. Darüber hinaus konzentrierten sich die vorgelegten Papiere auf "die Ursachen, die Art, das Ausmaß, die Muster und die Auswirkungen von Korruption und anderen Wirtschaftsdelikten und boten mögliche Lösungen dafür".

Im Kommuniqué der Nationalen Konferenz über Korruption und andere Wirtschaftsverbrechen in Nigeria heißt es:

WENN

"Zu den Gründen, die für das Wachstum dieses Krebsgeschwürs angeführt werden, gehören Massenanalphabetismus, allgemeine Armut und Frustration, Wertekonflikte, Schwäche der Regierungs- und Durchsetzungsmechanismen, Stammesdenken und Vetternwirtschaft:

UND IN DER ERWÄGUNG, DASS

Die Erwerbsneigung unserer Gesellschaft, in der die Menschen nach dem beurteilt und akzeptiert werden, was sie haben, und nicht nach dem, was sie sind, die Nutzung politischer Ämter als primäres Mittel zum Erwerb von Reichtum, der Mangel an Patriotismus und die allgemeine Missachtung der Gesetze des Landes sind allesamt Faktoren, die zum gegenwärtigen Zustand des moralischen Verfalls beitragen;

Es wurde daher vereinbart:

(a) Dass korrupte Aktivitäten nicht nur einem bestimmten Teil der Gesellschaft vorbehalten sind, sondern vielmehr ein Übel darstellen, das alle sozialen Schranken und Schichten betrifft;

(b) Es sind nicht nur die Politiker und die Führungskräfte, die unsere Gesellschaft korrumpieren, sondern auch Bürokraten, Beamte, Banker, Versicherungsmakler, Beamte, die mit der Justizverwaltung des Landes zu tun haben, Strafverfolgungsbehörden, die Presse, religiöse Führer und andere Mitglieder der Öffentlichkeit.

Zur Bekämpfung von Korruption und anderen Wirtschaftsdelikten wurden von den Verfassern der Papiere, den Berichterstattern und den Teilnehmern die folgenden Entschließungen vorgeschlagen;

a) Die Korruption kann nicht vollständig ausgerottet werden, aber sie kann eingedämmt und begrenzt werden, und der Ansatz sollte darin bestehen, sie an ihren Wurzeln zu bekämpfen.

b) Die Presse sollte nicht nur über die Geschehnisse in der Gesellschaft berichten, sondern ein Instrument des positiven Wandels sein, um die Gesellschaft auf ein höheres Niveau zu bringen; und es sollte gefördert werden, dass Berichte über Personen, die der Korruption und anderer Wirtschaftsverbrechen für schuldig befunden wurden, eine breite Öffentlichkeit erreichen.

c) Der Journalist sollte nicht zulassen, dass er von den Mitgliedern der Gesellschaft und der Öffentlichkeit selbst korrumpiert wird.

d) Es sollte versucht werden, bestimmte Informationen im öffentlichen Dienst freizugeben, insbesondere solche, die offenkundig harmlos sind.

e) Aufgrund der unzureichenden personellen und finanziellen Mittel, die für eine wirksame Überwachung korrupter Aktivitäten erforderlich sind, kommen einige Personen mit Korruption davon, und andere Mitglieder der Gesellschaft folgen ihrem Beispiel.

f) Die Öffentlichkeit sollte davon absehen, den Strafverfolgungsbehörden Bestechungsgelder anzubieten, und die Beamten sollten ihre bürgerliche

Verantwortung wahrnehmen, indem sie den Sicherheitsbehörden bei der Erfüllung ihrer Aufgaben helfen.

g) Es bedarf einer nachhaltigen öffentlichen Aufklärungskampagne über das Recht des Einzelnen vor dem Gesetz.

h) Personen, die wegen Korruption oder anderer Wirtschaftsdelikte verurteilt wurden, sollten von öffentlichen Ämtern oder der Teilnahme an der Politik ausgeschlossen werden.

i) Es besteht die Notwendigkeit, unsere Strafrechtssysteme zu überarbeiten, damit die Ermittlungsmethode bei Korruption und anderen Wirtschaftsverbrechen angewandt werden kann, und es sollten härtere Strafen für diese Kategorie von Straftaten vorgesehen werden, insbesondere wenn sie von Personen aus den höheren sozioökonomischen Schichten der Gesellschaft begangen werden. Die Strafen sollten hauptsächlich in Form von Verfall, Rückgabe, Einziehung, Entschädigung und Verhängung von Geldbußen und strengeren Strafen erfolgen, wenn die Straftaten mit Korruption und Wirtschaftskriminalität zusammenhängen.

j) Anstatt, wie von einigen Teilnehmern vorgeschlagen, eine unabhängige Sonderkommission für Korruption und Wirtschaftskriminalität einzurichten, herrschte Einigkeit darüber, dass das Büro für Verhaltenskodex und die Kommission für öffentliche Beschwerden abgeschafft werden sollten und dass diese beiden Gremien die Situation angemessen eindämmen können.

k) Es ist dringend notwendig, die Mitglieder der Sicherheitsbehörden auszustatten, auszubilden und umzuschulen, damit sie ihre Aufgaben wirksam erfüllen können.

l) Dass Betrug in nigerianischen Finanzinstituten erfolgreich ist, liegt an der Untreue des Personals und an geheimen Absprachen, unwirksamen Kontrollen, schwachen Kontrollsystemen, Nachlässigkeit und mangelnder Aufmerksamkeit des Personals für Details. Daher müssen die Systeme kontinuierlich überarbeitet und gestärkt werden, um das Personal weiterzubilden und die Beamten zu ermutigen, indem sie gegebenenfalls motiviert werden.

m) Unser Rechts- und Justizsystem sollte bei der Erledigung der Fälle einen Ton der Dringlichkeit anschlagen. Die Gerichte sind als letzte Instanz bei der Entscheidung von Fällen zu akzeptieren, und das Justizwesen muss offensichtlich und transparent frei von Korruption sein. Die Justiz muss durch ein effizientes Rechtssystem gestützt werden.

n) Die bestehenden Gesetze sollten in regelmäßigen Abständen überprüft und reformiert werden, um einige verfahrenstechnische Formalitäten zu beseitigen, was wünschenswert ist, und es sollte mehr Gewicht auf die Durchsetzung gelegt werden.

o) Es sollte mehr Gewicht auf die Prävention und Aufdeckung von Straftaten gelegt werden.

p) Die Führer verschiedener religiöser Körperschaften sollten in dieser Hinsicht helfen, da eine moralische Erneuerung der Bevölkerung notwendig ist. Sie sollten mit Schulen und Bildungseinrichtungen zusammenarbeiten, um die religiöse und moralische Erziehung zu etablieren und zu intensivieren, und sie sollten in ihren Predigten oder an ihren Gotteshäusern unnötige Schmeicheleien gegenüber korrupten Führern und reichen Mitgliedern der Gesellschaft vermeiden.

q) dass die Schmuggelkriminalität floriert, weil viele Nigerianer "Schmuggel als eine Form von 'Geschäft' und nicht als Verbrechen betrachten, weshalb erfolgreiche Schmuggler nicht gesellschaftlich geächtet, sondern akzeptiert werden.

r) Die niedrige Arbeitsmoral der Vollzugsbehörden aufgrund der schlechten Gehaltsstruktur, der harten Arbeitsbedingungen, der unzureichenden Ausstattung und des Mangels an angemessenen Unterkünften, der die Vollzugsbehörden bisweilen dazu zwingt, in den Häusern von Schmugglern zu wohnen, trägt ebenfalls dazu bei.

s) Es soll ein Erlass zur Verhinderung von Bestechung erlassen werden, der unter anderem Folgendes vorsieht;

DASS jeder, der im öffentlichen Dienst tätig ist oder war.

i) einen Lebensstandard aufrechtzuerhalten, der über dem liegt, der seinen früheren oder gegenwärtigen Bezügen angemessen ist, oder

ii) über Geldmittel oder Vermögen verfügt, die in keinem Verhältnis zu seinen gegenwärtigen oder früheren Bezügen stehen, macht sich der Straftat schuldig, es sei denn, er gibt dem Gericht eine zufriedenstellende Erklärung, wie er einen solchen Lebensstandard aufrechterhalten konnte oder wie diese Geldmittel oder dieses Vermögen in seine Verfügungsgewalt gelangt sind" (Kalu & Osinbajo, 1991: xxi-xxiv).

MESSUNG DER KORRUPTION

Eine grundlegende Frage ist, ob Korruption messbar ist. Dies ist eine sehr schwer zu beantwortende Frage. In diesem Kapitel werden wir uns kurz mit der Debatte befassen, ob Korruption gemessen werden kann oder nicht. Im Laufe der Jahre war dies ein umstrittenes Thema in der Korruptionsbekämpfungsdiskussion. Unser Standpunkt in dieser Debatte ist, dass Korruption messbar ist und dass sie nicht gemessen werden kann.

Daher werden wir in diesem Kapitel Argumente dafür und dagegen vorbringen, ob Korruption gemessen werden kann oder nicht. Es kann argumentiert werden, dass Korruption sowohl quantitative als auch qualitative Eigenschaften hat.

Mit quantitativen Attributen meinen wir, wenn die ausgeübte Zahl oder die korrupten Praktiken einen Geldwert oder etwas, das gemessen werden kann, beinhalten, wie z.b. ein Politiker, der 10 Millionen Naira gestohlen hat, im Vergleich zu einem Politiker, der jemanden aus seiner Umgebung angestellt hat, auch wenn diese Person nicht die Qualifikation für diesen Job hat. Qualitative Merkmale der Korruption liegen vor, wenn die korrupten Praktiken nicht messbar sind, wie z. B. Stammesdenken, Vetternwirtschaft, Klüngel, Günstlingswirtschaft usw. Die Frage ist, ob der Grad des Tribalismus gemessen werden kann. Die Frage ist, ob der Grad der Stammeszugehörigkeit gemessen werden kann oder nicht. Allerdings kann man ihm einen numerischen Wert zuweisen, um ihn zu messen.

Bestimmt zum Beispiel Vetternwirtschaft das Wahlverhalten bei den meisten Wahlen in Ihrem Wahlkreis?

a)   Einverstanden kann mit dem Zahlenwert (2) belegt werden.

b)   b) Unstimmigkeiten können mit einem numerischen Wert versehen werden als (1) Die Notwendigkeit eines Instruments zur Messung der Korruption wurde von Transparency International (2007) aufgezeigt, wo es heißt: "Länder mit hoher Korruption und großen Problemen bei der Datenerfassung sind oft Länder, die am dringendsten Instrumente zur Messung der Korruption benötigen. Diese Instrumente können wichtige Informationen darüber liefern, wie ein Land regiert wird und wie gut der öffentliche Sektor unter Berücksichtigung verschiedener Grade von schwierigen Umständen funktioniert. Nationale Bewertungen können auch beurteilen, wie gut wesentliche Attribute für nachhaltige Entwicklung und Armutsbekämpfung wie "Rechenschaftspflicht", "Transparenz" und "Gerechtigkeit" gelebt werden. Auf Landesebene können Instrumente zur Messung der Korruption auf verschiedenen Regierungsebenen, einschließlich der Ministerien, der Justiz, des Parlaments und der Kommunalverwaltungen, nützlich sein, um eine bessere Politik zu entwerfen und Fortschritte zu überwachen. Für Regierungen können Instrumente zur Korruptionsmessung auch nützlich sein, um auf die Nachfrage von Gebern und Unternehmen zu reagieren. Darüber hinaus können Instrumente für die Zivilgesellschaft wie politische Parteien, Think Tanks und NRO nützlich sein, wenn es darum geht, sich für die Interessen der Bürger einzusetzen und die Regierungen zur Rechenschaft zu ziehen. Lokale und nationale Instrumente haben im Vergleich zu globalen Instrumenten viele Vorteile. Wenn Messinstrumente von nationalen Forschern entwickelt werden und Teil nationaler politischer Prozesse sind, können sie leichter die Eigenverantwortung des Landes wecken. Nationale Eigenverantwortung kann eine Plattform für ein größeres Engagement der Bürger bieten. Dies wiederum stärkt die Nachfrageseite der Regierungseffektivität und verbessert die Rechenschaftspflicht der Regierung" (Transparency International, 2007:4).

Eines der gängigsten Instrumente zur Bewertung von Regierungsführung und Korruption sind weltweite Meinungsumfragen auf nationaler Ebene, insbesondere bei Organisationen der Zivilgesellschaft, nationalen Behörden und internationalen Organisationen. In Nigeria stehen jedoch keine empirischen Forschungs- und Diagnosedaten zur Verfügung. Im Vergleich zu einigen Ländern wie Kenia, dem Bribery Index und dem Bericht Etat de la corruption au Burkina Faso, der über empirische Forschungs- und Diagnosedaten zur Korruptionsbewertung verfügt, ist Nigeria vielmehr auf Messinstrumente internationaler Organisationen wie der Weltbank und Transparency International angewiesen.

Transparency International (TI), das Entwicklungsprogramm der Vereinten Nationen (UNDP) und die Democratic Governance Group (DGG) entwickelten eine Mapping-Übung zur Bewertung von Governance und Korruption in den afrikanischen Ländern südlich der Sahara. Laut Transparency International (2007) *"bestand der Zweck der Übung darin, nationale Instrumente zur Messung von Korruption und demokratischer Regierungsführung in Afrika südlich der Sahara zu identifizieren und zu charakterisieren. Die Bestandsaufnahme konzentrierte sich auf quantitative Messinstrumente, die in den letzten zehn Jahren entwickelt wurden. Es wurden 42 verschiedene Instrumente identifiziert, die in mehr als 28 Ländern eingesetzt wurden. Die große Mehrheit dieser Instrumente wurde nach 2004 entwickelt und eingeführt. Die Instrumente sind in dem Bericht nach ihrer Art aufgeführt. Dazu gehören Meinungsumfragen, Diagnosen im öffentlichen Sektor, Umfragen im privaten Sektor und kombinierte Umfragen. Darüber hinaus wird jedes Instrument im Hinblick auf die Länder und Bevölkerungsgruppen beschrieben, die bisher mit dem Instrument befragt wurden, wer das Instrument entwickelt hat, wer es finanziert hat, die Methodik, die politischen Auswirkungen und der erklärte Zweck des Instruments. Ein letzter wichtiger Aspekt, der in Bezug auf jedes Instrument erörtert wird, ist das Ausmaß, in dem das Instrument die Armuts- und*

Geschlechterdimensionen der Korruption angemessen berücksichtigt" (Transparency International, 2007:2).

Die Indikatoren zur Messung der Korruption stammen aus *"Aggregierte Indikatoren wie der Korruptionswahrnehmungsindex von Transparency International oder die Governance-Indikatoren der Weltbank wurden verwendet, um Länder zu vergleichen und in eine Rangfolge zu bringen, und haben sich als sehr nützliche Instrumente zur Sensibilisierung erwiesen. Ihr Potenzial, politische Entscheidungsprozesse zu lenken, ist jedoch begrenzt, da sie nicht darauf ausgelegt sind, Bereiche zu ermitteln, in denen Reformen erforderlich sind"* (Transparency International, 2007:4).

Darüber hinaus wurde das Mapping-Verfahren zur Untersuchung von Korruption und Regierungsführung in Nigeria genutzt: *"Die Stichprobe der Umfrage wurde so gestaltet, dass sie die Vielfalt Nigerias repräsentiert. Insgesamt wurden mehr als 5000 Befragte befragt. Für die Haushalte wurde ein mehrstufiges Flächenstichprobenverfahren angewandt, bei dem 2.613 Befragte befragt wurden. Die städtischen Haushalte und die gut ausgebildeten Personen waren überproportional vertreten, da davon auszugehen ist, dass städtische Haushalte und Befragte mit höherem Sozialstatus am ehesten Zugang zu staatlichen Versorgungseinrichtungen und öffentlichen Dienstleistungen haben. Insgesamt beantworteten 1.676 öffentliche Bedienstete, die aus den Bundes-, Landes- und Kommunalverwaltungen in den Stichprobengebieten der sechs geopolitischen Zonen ausgewählt wurden, die Umfrage. Schließlich wurden 1.008 Vertreter von Wirtschaftsunternehmen befragt. Die Datenerhebung begann Ende 2001, und die Berichte wurden im Juni 2003 fertig gestellt. Die Erhebungen liefern eine beträchtliche Menge an Informationen über Art und Ausmaß der Korruption und deren Auswirkungen auf die Erbringung von Dienstleistungen und die Verwaltung des Staates. Das Verständnis der Beziehung zwischen Regierungsführung und Korruption erhöht die Aussichten auf institutionelle Reformen, die zu einer besseren Regierungsführung und damit zu Wirtschaftswachstum führen. Ziel der Studie ist es, die nigerianische Regierung bei der Entwicklung wirksamer Strategien zur Rechenschaftspflicht und Korruptionsbekämpfung zu unterstützen".*

KAPITEL FÜNF

URSACHEN DER KORRUPTION IN NIGERIA

"Man darf nicht so blind vor Patriotismus sein, dass man der Realität nicht ins Auge sehen kann. Falsch ist falsch, egal wer es tut oder wer es sagt.
- Malcolm X
"In der Politik geht es um Macht, und in der Politik geht es um Macht. Sie ist eine verbotene Frucht, wer sie gekostet hat, wird immer mehr wollen.
-Ayo Dumoye
"Egoismus ist der größte Fluch der Menschheit"
- William Ewart Gladstone.

In der Literatur haben Wissenschaftler verschiedene Gründe dafür angeführt, warum die Korruption in Nigeria floriert, z. B. Gray und Kaufmann (1998), Mohammed, (1991), Adegbite, (1991), Fadoyomi, (1991), Moikori, (1991), Shively (2008), George (1991), Waziri, (2009) und USAID, (2006) und andere. Es ist wichtig festzustellen, dass die Korruption in einigen Gesellschaften schlimmer ist als in anderen, weil einige politische Systeme korrupte Praktiken zulassen, während in einigen Gesellschaften, in denen Korruption endemisch ist, korrupte Praktiken kriminalisiert werden. Außerdem ist es wichtig zu betonen, dass die Auswirkungen der Korruption auf die nationale Entwicklung schrecklich sind und die Zukunft einer jeden Gesellschaft untergraben können. "Sie kostet Leben, erzeugt Zynismus, mangelndes Vertrauen und Missachtung der Rechtsstaatlichkeit" (Shively, 2008)

Obwohl korrupte Praktiken im menschlichen Austausch vorhanden sind, wie Shively (2008) argumentiert, scheint nicht viel dagegen unternommen worden zu sein, da sie manchmal dem Zweck dienen, den Handel zu schmieren. Dies bedeutet, dass Korruption in der Vergangenheit kommerzielle Aktivitäten unterstützt hat und bis heute moderne kommerzielle Aktivitäten aufrechterhält. Das Wachstum und die Entwicklung korrupter Praktiken auf der ganzen Welt sind auf die raschen sozioökonomischen und politischen Veränderungen in den Gesellschaften zurückzuführen, die eine Plattform für Korruption bieten, da diese Veränderungen wiederum das menschliche Verhalten beeinflussen, das im Einklang mit der sozioökonomischen und politischen Welle der Globalisierung beeinflusst wird.

Eine der Hauptursachen für Korruption in vielen Gesellschaften ist, dass die meisten Gesellschaften Veränderungen oder Umgestaltungen durchlaufen, die sich wiederum auf das Verhalten und die Orientierung der Bürger auswirken. Shively (2008) stellt fest, dass *"Gesellschaften, die sich in einem raschen Wandel befinden, oft anfällig für Korruption sind, zum Teil weil die Verhaltensnormen im Fluss sind. Manche Menschen haben keine*

stabilen moralischen Leitlinien für ihr Verhalten, und zum anderen, weil es in einer
Situation des raschen wirtschaftlichen Wandels so viele Möglichkeiten für Korruption
gibt". Obwohl keine Gesellschaft der Welt frei von korrupten Praktiken ist, variiert das
Ausmaß der Korruption von Gesellschaft zu Gesellschaft.

Im Laufe der Jahre ist die Korruption eines der größten Probleme geblieben, mit denen
der nigerianische Staat konfrontiert ist, und es scheint, dass wenig dagegen unternommen
wurde. In Nigeria machen sich sowohl die reichen "Habenichtse" als auch die armen
"Habenichtse" der Korruption schuldig, wenn auch in unterschiedlichem Ausmaß; daher
müssen die Ursachen der Korruption unabhängig von der wirtschaftlichen, politischen
und sozialen Stellung in der Gesellschaft sein. Dies hat einige Wissenschaftler und
Schriftsteller dazu veranlasst, zu argumentieren, dass Korruption ein "Geist" ist, nur weil
die reichen Nigerianer "korrupter" sind als die armen Nigerianer, weil einige reiche
Nigerianer, die ursprünglich nicht korrupt waren, plötzlich entdeckten, dass diejenigen,
denen die Gelegenheit geboten wird, in welcher Funktion auch immer zu dienen, nicht in
der Lage sein werden, den Grund dafür zu nennen, warum sie sich in einem
Korruptionsbetrug wiederfanden, mit dem sie ursprünglich nicht in Verbindung gebracht
werden wollten. Diese Position ist jedoch anfechtbar, da Gier und Überfluss als Erklärung
dafür herangezogen werden können, warum reiche Menschen oft korrupt bleiben oder zu
Korruption neigen, während bei den armen Nigerianern Armut und Ungewissheit oder
Angst vor der Zukunft die Ursachen für die Armut von Geringverdienern sind.

Daher kann man argumentieren, dass Korruption keine Geisteshaltung ist, sondern
Faktoren wie der Geisteszustand eines Individuums, gesellschaftlicher/familiärer Druck,
das "get-rich quick"-Syndrom sowie die permissive Natur des politischen Systems. Der
Grund dafür ist, dass manche Menschen nicht verstehen, warum manche Personen, die
von Anfang an nicht korrupt waren, plötzlich korrupt werden. So wird beispielsweise eine
Person, deren Ziel es ist, die Staatskasse zu plündern, definitiv korrupt. Zweitens führt
der Druck von Familienmitgliedern und Partnern, insbesondere wenn sie "unnötige
Forderungen oder Druck" auf den Inhaber eines öffentlichen Amtes ausüben oder
familiäre Bedürfnisse in den Vordergrund stellen, dazu, dass eine Person bestimmte
öffentliche Gelder abzweigt, um diese Bedürfnisse zu erfüllen. Drittens: Angst vor dem
Unbekannten, vor dem, was die Zukunft bringt. Dies liegt daran, dass die meisten Inhaber
öffentlicher Ämter aus Angst vor der Zukunft die Staatskasse plündern wollen, da die
meisten von ihnen nicht sicher sind, was in der Zukunft auf sie zukommen wird, so dass
sie eher dazu neigen, aus der öffentlichen Kasse zu stehlen, vor allem wenn das System

53

korrupte Praktiken zulässt.

Gray und Kaufmann (1998) nennen sieben Faktoren, die Korruption begünstigen. Dabei handelt es sich um den Wert von Löhnen und Gehältern, das Vorhandensein von guten Gelegenheiten und das Bewusstsein, wie man Korruption begehen kann, schwache Maßnahmen gegen die Rechenschaftspflicht, die Bevölkerung, den Reichtum an natürlichen Ressourcen, den Mangel an politischem Willen und den unentschlossenen Druck und die Unterstützung durch die Weltgemeinschaft. Diese korruptionsfördernden Faktoren variieren von einer Kultur zur anderen und von einem politischen System zum anderen. Es ist jedoch wichtig festzuhalten, dass es möglich ist, einen Korruptionsakt zu erkennen, wenn er unabhängig vom kulturellen oder politischen Hintergrund begangen wird (Fagbadebo, 2007).

Mohammed (1991) nannte als Ursachen für die Korruption in Nigeria u.a. negative persönliche Eigenschaften oder Veranlagungen einiger Personen, Stammesdenken, Sektierertum, kulturelle Unterschiede oder Heterogenität, rasche Verstädterung, Armut, ausländische Einflüsse, Unwissenheit, Doppelmoral und ein geringes Maß an Patriotismus. Er fügte hinzu, dass all diese Faktoren für sich genommen zwar wichtig seien, dass aber Armut oder Entbehrung der wichtigste Einzelfaktor sei, der das weit verbreitete Geben und Nehmen von Bestechungsgeldern, d.h. illegalen finanziellen Anreizen, im Lande begünstige.

Bei der Verwendung der multivariaten Analyseebene ist es jedoch falsch, eine einzige Variante (univariat) als Grundlage für die Ermittlung und Bewertung der Korruptionsursachen zu verwenden und damit andere Variablen oder Faktoren in den Hintergrund zu drängen. Armut ist ein Faktor, aber nicht der einzige wichtige Faktor, der für die Korruption in Nigeria verantwortlich ist. Zum Beispiel können die Reichen, die Milliarden von Naira aus der Staatskasse stehlen, nicht der Armut zugeschrieben werden, sondern anderen Faktoren wie Habgier, falscher Einstellung zu öffentlichem Eigentum usw. Wenn die Korruption an der Armut scheitert, bedeutet dies, dass nur die Armen oder Unterdrückten korrupt sind.

Adegbite (1991) nennt folgende Ursachen für Korruption: Nichteinhaltung religiöser Lehren, importierte Werte und Ideen, die unserer Kultur fremd sind, ethnische Zugehörigkeit, die zu Günstlings- und Vetternwirtschaft neigt, ein schwaches Rechtssystem usw. "Importierte Werte und Ideen, die unserer Kultur fremd sind", werden als importierte Werte und Ideen angesehen, die aus den westlichen Gesellschaften übernommen wurden und die zu Recht schlecht sind oder über Bord geworfen werden sollten. Aber jene Werte und Ideen, die Transparenz fördern, sollten in unserer Gesellschaft verankert werden.

Andere bemerkten, dass fehlerhafte ideologische Stränge oft zu Korruption führen, wie Pater Francis Ogunmodede über die sozio-politische Philosophie von Chief Obafemi Awolowo, dem verstorbenen Elder Statesman, feststellte, dass das nigerianische kapitalistische System die Korruption begünstigt. Er fügte hinzu, dass die Entwicklung des Menschen ohne Moral unvollständig ist und dass es dem Kapitalismus an Moral fehlt. Er betonte weiter, dass "ein Mensch kein glückliches Leben führen kann, wenn er kein Fünkchen Moral in sich hat. Er ist auch der Meinung, dass keine Nation jemals Größe erlangt hat, indem sie ihr Gewissen vernachlässigt oder aus Unmoral eine Tugend und ein Ideal gemacht hat. Jede Gesellschaft, die die Moral vernachlässigt, steuert auf Dekadenz und Verderben zu" (ebd.). Aus den obigen Ausführungen geht hervor, dass die Durchsetzung des Kapitalismus oft zu Gier und Korruption und auch zu Unmoral führt. Obwohl der Kapitalismus wie jede andere Ideologie seine Fehler hat, gibt es bestimmte Vorteile, die aus ihm abgeleitet werden können, die im weiteren Sinne für ein Land wie Nigeria von Vorteil sein könnten.

Aufgrund der Mängel des Kommunismus (z. B. die Verweigerung der individuellen Freiheit) empfahl der verstorbene Chief Obafemi Awolowo den demokratischen Sozialismus als einziges politisches System, das ethisch ist und damit den Bestrebungen und Wünschen der Nigerianer entspricht. Pater Francis Ogunmodele (ebd.) erklärt, dass die menschliche Entwicklung auf einer ethischen Grundlage beruht und daher den Menschen helfen kann, ein echtes Glück und einen perfekten Lebenszustand zu erreichen, der frei von einigen sozialen Übeln wie Machtmissbrauch, Klassenherrschaft und Korruption ist. Der Grund dafür ist, dass der Kapitalismus übermäßigen und unkontrollierten Reichtum mit allen damit verbundenen Missständen gedeihen lässt. Diejenigen, die auf diese Weise unbewusst reich werden, streben danach, die Führung zu übernehmen, unabhängig davon, ob sie über die erforderlichen Führungsqualitäten verfügen oder nicht.

Kein Wunder, dass heute in Nigeria Reichtum, wie auch immer er erlangt wurde, zum ungehinderten Zugang zu politischen Ämtern geworden ist. Dies zeigt das Wesen des in Nigeria praktizierten Kapitalismus und des demokratischen Systems. Die Art und Weise, in der der nigerianische Kapitalismus funktioniert, ist so, dass die Bourgeoisieklasse nicht das Interesse des Landes im Sinn hat, sondern die Unternehmensinteressen der Bourgeoisieklasse. Außerdem ist die nigerianische

Bourgeoisieklasse eine Kompradorenbourgeoisie, die als Vermittler zwischen den vielen armen Nigerianern und den internationalen Kapitalistenklassen agiert, und die meisten Entscheidungen, die von dieser lokalen Bourgeoisieklasse oder Kompradorenbourgeoisie getroffen werden, sind nachteilig für ihr Heimatland Nigeria. Das ist der Grund, warum die politische Klasse Nigerias eine gute Politik für die Nation macht, aber plötzlich verwirrt ist, wenn sie an die Macht kommt oder unentschlossen wird, welche Politik sie umsetzen soll. Außerdem werden die Wähler während der Wahlen von verschiedenen Anwärtern mit fabelhaften Manifesten verwirrt, die den Wählern falsche Hoffnungen machen, dass sie dem Volk die Dividende der Demokratie bringen würden, wenn sie gewählt würden; und was wir sehen, wenn sie schließlich an die Macht gewählt werden, ist eine Reihe von Klagen; wohl wissend, dass die Mittel zur Umsetzung dieser Politiken leicht verfügbar sind. Dies zeigt, dass schlechte Führung, die aus der Flut der Korruption stammt, eines der vorherrschenden Probleme ist, mit denen der nigerianische Staat konfrontiert ist.

Es wurde auch behauptet, dass frühere und gegenwärtige Verwaltungen in Nigeria korrupte Praktiken entweder direkt oder indirekt gefördert haben. Dies kann auf die Art und Weise zurückgeführt werden, in der korrupte Fälle von den Anti-Betrugs-Behörden und anderen Strafverfolgungsbehörden behandelt werden. Die selektive Auswahl der Personen, die strafrechtlich verfolgt werden oder nicht, ist besorgniserregend, da bestimmte Personen aufgrund ihrer Illoyalität gegenüber der amtierenden Regierung zu Sündenböcken geworden sind. Die Korruptionsbekämpfung sollte ohne eine Vorzugsbehandlung bestimmter Personen oder Gruppen erfolgen, ungeachtet ihres Status in der Gesellschaft.

Moikori, (1991) bewertete jedoch die Ursachen von Wirtschaftskriminalität und Betrug in Finanzinstituten und bezog sich dabei auf die allgemeinen Ursachen, die sich hauptsächlich auf Finanzinstitute beziehen.

Zu den allgemeinen Ursachen gehören:

(a) Die Frage der Habgier des Einzelnen im Allgemeinen und der gesellschaftliche Wert, der dem Erwerb von Reichtum beigemessen wird.

Er fügte hinzu, dass es allgemein bekannt sei, dass "diejenigen, die angekommen sind", überall als VIPs behandelt werden, ohne dass man sich die Mühe macht, nach der Quelle ihres Reichtums zu fragen. Mit denjenigen, die kein Geld haben, ist nicht zu rechnen, und daher tragen die grandiosen Pläne, mit allen Mitteln zu Reichtum zu gelangen, zur Korruption bei. Er führte weiter aus, dass es in der heutigen nigerianischen Gesellschaft ein weit verbreitetes Phänomen ist, dass der Status von Personen über ihre finanziellen Möglichkeiten definiert wird, ohne die Quelle dieses Reichtums zu berücksichtigen. Die geistigen Fähigkeiten einer Person sind nicht mehr die Grundlage für die Beurteilung einer Person, sondern ihre finanzielle Position. Der Gelehrte und Denker des 19. Jahrhunderts, Karl Marx, stellte zu Recht fest, dass *"nicht das soziale Bewusstsein eines Menschen sein Wohlergehen bestimmt, sondern im Gegenteil, sein wirtschaftliches Wohlergehen sein Bewusstsein"*. Dies gilt für alle Facetten der nigerianischen Gesellschaft, sei es politisch, sozial, religiös oder traditionell. In Nigeria ist es ein weit verbreitetes Phänomen, dass traditionelle Herrscher Personen, die sich als Kriminelle entpuppen, aufgrund ihrer finanziellen Lage und nicht aufgrund ihrer sonstigen Verdienste um ihre Gemeinschaften mit Häuptlingstiteln auszeichnen. Die religiösen Institutionen bilden hier keine Ausnahme, denn je reicher man ist, desto mehr Gebete erhält man von den Geistlichen und desto mehr Ansehen und Respekt wird man erhalten.

(b) Der Tod grundlegender gesellschaftlicher Werte, entweder durch Ersatz oder durch allmähliche Aufgabe, z. B. der Ersatz von Bildung durch Erfahrung, der mit dem Alter kommt, oder Kinder, die den Platz der Eltern einnehmen. Dies zeigt, dass das sinkende Niveau der gesellschaftlichen Werte Auswirkungen auf unser Bildungssystem hat. In Nigeria ist die Finanzierung des Bildungssektors durch die Regierung immer noch minimal, so dass noch viel getan werden muss, um den Bildungsstandard zu verbessern. Die Organisation der Vereinten Nationen für Bildung, Wissenschaft und Kultur (UNESCO) hat empfohlen, mindestens 26 % der Haushaltsmittel für den Bildungssektor bereitzustellen. Auch die angemessene Ausbildung von Lehrern und der Bau weiterer Schulen sowie die Ausstattung von Schullaboren, um den geforderten Lernstandard zu erreichen, bleiben eine Überlegung, um den gesunkenen Bildungsstandard in Nigeria wieder zu verbessern.

(c) Falsche Wahrnehmung ansonsten guter nationaler Werte, z.B. die Verwendung von Konzepten anstelle von Lehm; das Make-up des weißen Mannes anstelle des einheimischen; der Bau eines Zementhauses, dessen Dach mit Zink gedeckt ist, dessen Decke aus Hartfaserplatten besteht und die Einfuhr von Klimaanlagen zur Kühlung der Räume in Afrika, wo ein Lehmhaus mit Strohdach, Lehmdecke und großen Fenstern Klimaanlagen oder sogar eine Heizung überflüssig machen würde.

Maikori (1991) argumentiert, dass die Afrikaner einheimische Produkte schätzen sollten, anstatt sich auf ausländische Waren zu konzentrieren. Es ist jedoch anzumerken, dass sich die Gesellschaften im Laufe der Jahre weiterentwickelt haben, so dass bestimmte Technologien veraltet sind, so dass es für die Gesellschaften notwendig ist, ihre Technologie durch Innovationen und technologische Entdeckungen zu verbessern.

(d) Falsche Einschätzung der Regierung und ihrer Rolle durch die meisten Nigerianer. Zum Beispiel glauben die Menschen, dass Regieren darin besteht, politische Goodies mit Freunden, Verwandten und Geschäftspartnern zu teilen und Andersdenkende und vermeintliche oder tatsächliche Feinde niederzuschlagen, wodurch das Stammes- und Old-Boy-Syndrom in politischen Organisationen durch das Militär oder die Zivilbevölkerung gefördert wird und folglich die edlen Ideale einer guten Regierungsführung gefährdet werden.

Im Laufe der Jahre haben in Nigeria sowohl die Regierenden als auch die Regierten eine falsche Vorstellung von der Regierungsführung. Diese Versäumnisse auf Seiten der Regierenden und der Regierten haben zu einer schlechten Regierungsführung in Nigeria geführt, so dass die Regierenden und die Regierten die Regierungsführung als eine Plattform zur Anhäufung von Reichtum betrachten. Bei der Bekämpfung der Korruption in Nigeria kommt den Führern und den Regierten eine wichtige Rolle zu, denn die Wahrnehmung und die Eigenart der Führer und Regierten müssen sich ändern, und Rechenschaftspflicht und Transparenz sollten verankert werden, wenn die Korruption auf ein Minimum reduziert werden soll.

(e) Falsche kulturelle Prioritäten, bei denen Einheimische fremde Kulturen nutzen, ohne an diese zu glauben, und andere täuschen, z. B. indem sie sich vom Koran oder der Bibel trennen, obwohl sie nicht an sie glauben (ebd.). In diesem Zusammenhang ist die Ausbreitung der Kultur, obwohl die Globalisierung einer der Faktoren ist, die dafür verantwortlich sind. Es ist wichtig, darauf hinzuweisen, dass bei der Akkulturation der westlichen Kultur die guten kulturellen Merkmale übernommen und die schlechten über Bord geworfen werden sollten. An dieser Stelle ist es wichtig festzustellen, dass einige Führer, die dem Islam und dem Christentum in Nigeria angehören, oft das praktizieren, woran sie nicht glauben. Ihre Haltung ist oft die eines "Tu, was ich sage, aber tu nicht, was ich tue". Diese heuchlerische Haltung ist trügerisch und geeignet, andere zu täuschen. Dieser Akt der Täuschung hat in jüngster Zeit zur Verbreitung aller Formen ethnisch-religiöser Gewalt in Nigeria geführt. Es müssen Anstrengungen unternommen werden, um dieses unpatriotische Verhalten einzudämmen, und beide religiösen Führer müssen auf ihre Äußerungen achten, um jegliche Form von Konflikten zu vermeiden, die zu ausgewachsener Gewalt führen.

(f) In den meisten unserer öffentlichen Ämter, einschließlich religiöser Organisationen, werden runde Nägel in eckige Löcher gesteckt. Diese Praxis, runde Pflöcke in eckige Löcher zu stecken, ist ein weit verbreitetes Phänomen in fast allen Teilen Nigerias. Maikori (1991) stellte zu Recht fest, dass Nigeria eines der Länder der Welt ist, in dem Menschen, die nicht qualifiziert sind, wichtige Positionen oder Ämter bekleiden dürfen. Es müssen Anstrengungen unternommen werden, um dieses hässliche Durcheinander zu beseitigen, damit die richtigen Personen Institutionen oder Organisationen leiten dürfen, die über die technischen Fähigkeiten und das Wissen verfügen, um sie zu leiten, um eine effektive und effiziente Verwaltung und Führung dieser Institutionen zu fördern.

(g) Instabilität in der Regierung mit dem daraus resultierenden Mangel an Vertrauen in die Wirtschaft, was dazu führt, dass die Bürger in der Angst vor dem Unbekannten leben und mit allen Mitteln Reichtümer anhäufen, um sich auf den politischen Regentag vorzubereiten. Die Art der politischen Instabilität in Nigeria und die Umbesetzungen sowie die Entlassung von politischen Amtsträgern innerhalb kürzester Zeit haben die Bürger, die die Möglichkeit hatten, ernannt zu werden, dazu veranlasst, in der Regel Mittel aus der Staatskasse anzuhäufen, um für den politischen Regentag gerüstet zu sein, wenn sie schließlich abgesetzt werden. Dies hat dazu geführt, dass sich die politisch Beauftragten in Nigeria bei ihrem Amtsantritt nicht auf das Regieren konzentrieren, sondern aus Angst vor Unbekanntem oder der Vorahnung, entlassen zu werden, so viel wie möglich plündern. Deshalb müssen die Nigerianer, insbesondere die führenden Politiker, ihre Ernennung oder Wahl in ein Amt als eine Möglichkeit sehen, dem Volk zu dienen, und nicht, um die Staatskasse zu plündern.

Maikori, (1991) identifizierte die folgenden spezifischen Ursachen für Wirtschaftskriminalität und Betrug in Finanzinstituten. Er fügte hinzu, dass sie sich direkt auf die Leistung der Finanzinstitute auswirken, was wiederum Folgen für das Gemeinwesen hat, nämlich:

a. Eine unzureichende oder fehlende Überwachung des am Geldverkehr beteiligten Personals erleichtert die Veruntreuung von Geldern.

b. Eine unregelmäßige oder unregelmäßige Prüfung der Bücher staatlicher halbstaatlicher Einrichtungen oder privater Organisationen führt nicht zu einer frühzeitigen Aufdeckung von Veruntreuung oder Betrug. Wenn Bedienstete zu lange an einem bestimmten Arbeitsplatz und in einer sensiblen Position, die mit Geldgeschäften verbunden ist, verbleiben, könnten sie der Versuchung betrügerischer Praktiken ausgesetzt sein.

c. Die unverhältnismäßig lange Dauer der Ermittlungen in Fällen von

Wirtschaftskriminalität und Betrug sowie die langwierige Strafverfolgung der Schuldigen ermöglicht es den betroffenen Mitarbeitern (bevor die Ermittlungen abgeschlossen sind, um sie als Schuldige zu entlarven), weitere betrügerische Praktiken zu begehen, bevor sie schließlich gefasst werden. Die langwierigen Ermittlungen und die strafrechtliche Verfolgung der Schuldigen haben keine abschreckende Wirkung auf andere.

d. Unzulängliches und manchmal ineffizientes und/oder korruptes Gerichtspersonal und sogar Richter, die mit den Tätern gemeinsame Sache machen, um ihre Beute zu teilen, und daher von der Wahrheit nichts mitbekommen. Angst vor dem Unbekannten und mangelnde Wertschätzung und Belohnung von Wohlverhalten durch eine verdorbene Gesellschaft.

In ähnlicher Weise identifizierte Fadoyomi (1991) die folgenden Ursachen für Korruption: Analphabetismus, falsche Werte, Missachtung von Regeln und Vorschriften sowie Armut und Frustration.

Die Faktoren, die die Korruption in Nigeria begünstigen, lassen sich jedoch unter den folgenden Überschriften zusammenfassen:

a) Umweltfaktoren

b) Rechtliche Faktoren

c) Soziokulturelle Faktoren

d) Politische Faktoren

e) Wirtschaftliche Faktoren

(a) **Umweltfaktoren:** Dies sind Faktoren, die außerhalb des Individuums liegen, z. B. wenn ein bestimmtes System Rechenschaftspflicht und Transparenz nicht fördert oder zulässt, kann Korruption leicht gedeihen. Einige Wissenschaftler, die wie der verstorbene Chief Obafemi Awolowo dem Sozialismus zugeneigt sind, haben argumentiert, dass die Freiheit des Einzelnen, nach Belieben Profit zu machen, ohne jegliche Einschränkung des Ausmaßes der Ausbeutung oft zu Korruption führt, die das kapitalistische System zulässt. Das bedeutet, dass die Ideologie eines Landes, wenn sie nicht gut artikuliert und zusammengeführt wird, die Korruption fördern kann.

Außerdem haben frühere nigerianische Führer das politische System Nigerias so gestaltet, dass sie für ihre korrupten Praktiken während ihrer Amtszeit nicht zur Rechenschaft gezogen werden können. Aus diesem Grund ist es schwierig, jeden ehemaligen nigerianischen Führer, der korrupt ist, zu überprüfen.

Das von Korruption geprägte Umfeld in Nigeria hat es fast allen politischen Führern schwer gemacht, in ihrer Regierungsarbeit Rechenschaft abzulegen. So ist es zum Beispiel für jeden schwierig, die Höhe der Gehälter und Zulagen zu erfahren, die politische Amtsträger erhalten. In Nigeria kann niemand sagen, wie hoch die Gehälter und Vergütungen der Senatoren und des Repräsentantenhauses sind. Das liegt daran, dass es trotz der Verabschiedung des Gesetzes über die Informationsfreiheit kein wirksames Gesetz gibt, das die Inhaber öffentlicher Ämter zur Rechenschaft ziehen würde. Das liegt daran, dass die Bedingungen, die die nigerianischen Massen dazu bringen würden, von den Inhabern öffentlicher Ämter Rechenschaft zu verlangen, schwierig sind, was jeden entmutigt, der daran interessiert ist, Rechenschaft und Transparenz in der Regierung zu fordern.

USAID (2006) stellt zu Recht fest, dass die formelle und informelle Macht im Amt des Präsidenten zusammenläuft, der die Öleinnahmen weitgehend monopolisiert, um seine patrimonialen Netzwerke zu belohnen und zu festigen. Die Ursprünge der Exekutivgewalt mögen in der Zentralisierung der Macht durch das Militär und dessen Kontrolle über die Ölindustrie liegen, aber zivile Beamte lernten schnell den Wert der zentralen Kontrolle kennen. Ähnlich wie die Präsidentschaft nutzen auch die Gouverneure der Bundesstaaten ihren Einfluss, um den Fluss der Bundesmittel zu steuern. Die meisten führen ihre Bundesstaaten wie private Lehen, aber es stimmt auch, dass das Ausmaß der Korruption unter ihnen sehr unterschiedlich ist. Die Verteilung der Erdöleinnahmen durch klientelistische Netzwerke ist der Klebstoff, der das oligarchische System in einer Weise zusammenhält, die zentrifugale Tendenzen auf der Grundlage von Ethnizität oder Religion verhindert.

(b) Rechtliche Faktoren: Dies sind Gesetze, die korrupte Täter vor der Strafverfolgung schützen. In Nigeria dauert es oft länger, bis die Ermittlungen abgeschlossen sind, um einen Schuldigen wegen korrupter Praktiken zu entlarven, und in einigen Fällen erhalten die Schuldigen eine gerichtliche Untersagungsverfügung, die es den Anti-Betrugs-Agenturen verbietet, sie zu verfolgen.

Auch das nigerianische Rechtssystem sieht keine harten Strafen für korrupte Täter vor, sondern die Täter verbüßen eine kurze Haftstrafe und werden später begnadigt. Im Gegensatz dazu kann ein armer Nigerianer, der "etwas zu essen" stiehlt, zu fünf Jahren Gefängnis verurteilt werden, während korrupte Staatsoberhäupter, die Millionen oder Milliarden stehlen, nur zu einer minimalen Gefängnisstrafe verurteilt und manchmal vor Ablauf ihrer Haftzeit begnadigt werden.

Daher muss die Regierung den politischen Willen zeigen, indem sie die Schuldigen an korrupten Praktiken entsprechend den begangenen Straftaten bestraft, um so eine abschreckende Wirkung auf andere zu erzielen. Auch heilige Kühe sollten nicht ungestraft bleiben, wenn sie der Korruption beschuldigt werden, unabhängig davon, wie hoch ihr Ansehen in der Gesellschaft ist. Die Frage der heiligen Kuh sollte über Bord geworfen werden. Alle Personen, die der Korruption beschuldigt werden, sollten unabhängig von ihrer Position zur Rechenschaft gezogen werden, wie es das Gesetz vorsieht.

(c) **Soziokulturelle Faktoren:** In Nigeria erheben korrupte Straftäter ihren Kopf, nachdem sie von einem Gericht wegen Korruption verurteilt wurden. In letzter Zeit gehen korrupte Straftäter oft in ihre Gotteshäuser, um dem "Gott der Korruption" zu danken, der es ihnen ermöglicht, aus der Staatskasse zu stehlen und dem Gesetz ungestraft zu entkommen. Die Geistlichen, die den Dankgottesdienst abhalten, segnen sie und beten für sie, damit sie noch mehr stehlen können, wenn sich ihnen die Gelegenheit bietet, zu dienen. Es ist eine Schande, dass unsere religiösen und traditionellen Führer, von denen erwartet wird, dass sie die Missstände in der Gesellschaft anprangern und unsere verlorenen moralischen Werte wiederherstellen, wegen ihrer Liebe zum Geld davon abgewichen sind, anstatt die Gesellschaft wieder auf das Niveau hoher moralischer Werte zu bringen, einige von ihnen haben den hässlichen Trend noch verschlimmert.

Darüber hinaus sind Stammesdenken und Sektierertum weitere soziokulturelle Faktoren, die die Korruption in Nigeria fördern. In Nigeria ist es ein häufiges Phänomen, dass Menschen aufgrund ihrer ethnischen Zugehörigkeit oder ihres Stammes disqualifiziert werden. Dieses Phänomen wurde noch dadurch verschärft, dass 1995 die Federal Character Commission eingerichtet wurde, um dieses Ungleichgewicht zu beseitigen und eine gleichberechtigte Vertretung aller Teile der nigerianischen Gesellschaft zu fördern; denn in der Vergangenheit war es üblich, dass Regierungsbehörden und Ministerien von einer bestimmten ethnischen Gruppe oder einem bestimmten Teil des Landes dominiert wurden.

Es wurde nicht viel getan, um das Ungleichgewicht bei der Einstellung oder Auswahl von Mitarbeitern zu beseitigen, da einige öffentliche Einrichtungen bisher von einer bestimmten ethnischen Gruppe dominiert wurden. Die Regierung sollte versuchen, jede Institution oder Behörde, die von einer bestimmten ethnischen Gruppe dominiert wird, neu zu besetzen. Einige Mitglieder dieser ethnischen Gruppe sollten in andere Ministerien oder Behörden versetzt werden, um die Dominanz einer bestimmten ethnischen Gruppe zu verringern.

George (1991) nennt als soziale und wirtschaftliche Ursachen der Korruption u.a. den Mangel an sozialen Diensten, Bevölkerungsdruck, Lobgesang, Arbeitslosigkeit und Unterbeschäftigung, schlechte Führung, politische Instabilität und ungerechte und ungleiche Anwendung des Gesetzes. Alle von George (1991) genannten sozialen und wirtschaftlichen Ursachen sind in der Lage, Korruption zu begünstigen und haben zum Wachstum und zur Entwicklung der Korruption beigetragen.

Im Laufe der Jahre wurde nicht viel für die Entwicklung der Infrastruktureinrichtungen in Nigeria getan, sondern die wenigen vorhandenen sind im Verfall begriffen. Auch die Bevölkerungsexposition ist eine weitere Bedrohung für die Infrastruktureinrichtungen, denn die in der Vergangenheit entwickelte Infrastruktur war für eine bestimmte Bevölkerungszahl gedacht, und mit zunehmender Bevölkerungszahl wächst der Druck auf die sozialen Einrichtungen und die Ressourcen.

An dieser Stelle muss ganz klar gesagt werden, dass es bestimmte Aspekte unserer Kultur gibt, die die Korruption fördern. Zum Beispiel feiern die meisten Gesellschaften Personen mit großem Wohlstand, ohne sich um die Quellen ihres Reichtums zu kümmern. Auch wenn eine Person der Korruption beschuldigt oder für schuldig befunden wird, wird dies von einigen ethnischen Gruppen häufig als eine Art "Viktimisierung" der anderen ethnischen Gruppe(n) gegen die eigene Gruppe angesehen. Diese Art von Haltung bestimmter Teile der nigerianischen Gesellschaft trägt zur Förderung der Korruption bei. Wenn eine Person der Korruption beschuldigt wird, sollte sie vor Gericht gestellt werden, und wenn sie der begangenen Straftat(en) schuldig ist, sollte sie den vollen Zorn des Gesetzes zu spüren bekommen, um andere abzuschrecken, anstatt von ihrer ethnischen Gruppe geschützt zu werden.

Darüber hinaus stellte George (1991) fest, dass "unsere Kultur nur den Reichen anerkennt, egal wie er seinen Reichtum erworben hat. In der Gesellschaft wird er für Lob, Ehre und Anerkennung herausgeschmuggelt. Er wird bejubelt, wenn er bei gesellschaftlichen Anlässen große Geldsummen spendet oder wenn er sein unrechtmäßig erworbenes Geld auf öffentlichen Plätzen ausgibt, während solche Menschen in anständigen Gesellschaften geächtet sind. Er ist derjenige, der für eine Reihe von Häuptlingstiteln ausgewählt wird, wichtige Straßen, Schulen, Krankenhäuser und andere öffentliche Einrichtungen werden nach ihm benannt. Die unschuldigen armen Arbeiter hingegen werden ausgegrenzt und gemieden. Die peinliche Frage, die ihm von seiner Familie im Besonderen und der Gesellschaft im Allgemeinen oft gestellt wird, lautet: "Wo warst du, als Häuptling XYZ sein eigenes Geld verdiente? Waren Sie beide nicht im selben öffentlichen Dienst?"

Auch Waziri (2009) stellt zu Recht fest, dass "unser kulturelles Umfeld mit starken familiären und gemeinschaftlichen Bindungen ebenfalls nicht hilfreich ist. Kaum wird eine Untersuchung eingeleitet, folgt eine Flut von Anrufen, die alle darauf hinauslaufen, dass man die Gerechtigkeit mit der Barmherzigkeit verwechselt. Noch vor dem Verhör des Verdächtigen wird eine sofortige Kaution gefordert. Die Kultur des großen Mannes hat ein derart lächerliches Ausmaß angenommen, dass ein krimineller Verdächtiger eine Vorzugsbehandlung gegenüber anderen Nigerianern in derselben Situation verlangt. Sie können die Unannehmlichkeiten einer 48-stündigen Inhaftierung nicht ertragen, die von der Verfassung erlaubt ist. Sie wollen sofortige Kaution. Das ist nicht gut für die Untersuchung von Wirtschaftsverbrechen mit all ihren Komplexitäten" (Waziri, 2009:5). Insgesamt bleibt eine Kultur, die Ehrlichkeit und Integrität nicht zulässt, ein Nährboden für Korruption.

(d) Politische Faktoren: Die Art der Machtkonfiguration oder -verteilung in jeder Gesellschaft wird korrupte Praktiken entweder verringern oder fördern. Die staatlichen Institutionen in Nigeria wurden im Laufe der Jahre so gestaltet, dass sie die Korruption begünstigen, und dies wurde von schlechten Führern aufrechterhalten, die nicht wollen, dass das System im Einklang mit den globalen Herausforderungen reformiert wird; diese Behauptung wurde vom verstorbenen Chinua Achebe betont: "Das Problem mit Nigeria ist schlicht und ergreifend ein Versagen der Führung. Mit dem nigerianischen Charakter ist nichts grundsätzlich falsch. Es gibt keine Probleme mit dem nigerianischen Land, dem Klima, dem Wasser, der Luft oder irgendetwas anderem. Damit wurde deutlich, dass die schlechte Regierungsführung in Nigeria das Produkt einer schlechten Führung ist, da das System keine Kontrolle über sich selbst hat, sondern geändert werden kann, um es den Nigerianern anzupassen, oder dass es die Führer sind, die das System reformieren sollten, und nicht das System, das die Führer reformiert.

Charles (2006) stellt zu Recht fest, dass "die Schwäche des nigerianischen Staates am deutlichsten in der Korruption zum Ausdruck kommt, die das Land seit seiner Unabhängigkeit plagt. Natürlich gibt es vieles, was wir nicht wissen, da korrupte Beamte selten über ihre unrechtmäßig erworbenen Gewinne sprechen. Es besteht jedoch kein Zweifel, dass die Korruption weit verbreitet ist. Es war daher wenig überraschend, als eine 1996 durchgeführte Umfrage unter internationalen Geschäftsleuten Nigeria als das korrupteste Land der Welt einstufte", fügte er hinzu. Die Korruption nimmt in Nigeria viele Formen an, wie 1995 eine 60-Minuten-Sendung zeigte, in der es um Betrügereien ging, die von nigerianischen "Geschäftsleuten" auf der Suche nach Kapitalinvestitionen von naiven, reichen Ausländern begangen wurden. Gebühren (ein Euphemismus für Bestechungsgelder) werden für die Missachtung von Umweltvorschriften für importierte Waren oder sogar für den Erhalt einer Bordkarte für einen Flug verlangt. Er sagte, das nigerianische Zollsystem sei berüchtigt und zitierte den Fall eines Importeurs: "Niemand zahlt dem Zollbeamten ein Drittel der Differenz zwischen dem offiziellen Zollsatz und dem, was man tatsächlich an Zoll bezahlt (normalerweise nichts).

Zu den klassischen Fällen politischer Korruption in Nigeria im Laufe der Jahre gehören: 1992, als die Nigerian National Petroleum Corporation (NNPC) ein Defizit von 2,7 Milliarden Dollar aufwies, ging man davon aus, dass das Geld auf Offshore-Bankkonten der Militärs abgezweigt worden war, und auch die 50 Milliarden Dollar, die die NNPC während des Golfkriegs 1991 erwirtschaftet hatte und von denen den Nigerianern gesagt wurde, dass sie auf einem ausländischen Konto lägen, können nicht nachgewiesen werden (ebd.).

Eine andere Art und Weise, wie das nigerianische politische System der Korruption Vorschub geleistet hat, wurde von Olusegun (2011) richtig beobachtet: "Die kritischste Angelegenheit war der Fall des Vertrags, der für den Bau von Zentren für die medizinische Grundversorgung in den 774 lokalen Regierungsbezirken des Landes vergeben wurde. Er wurde nach einer Sitzung des Nationalen Wirtschaftsrats (NEC) am 9. Dezember 2007 mit der Begründung gekündigt, der Vertrag sei verfassungswidrig und die Abbuchung der Gelder von den Konten der lokalen Regierungen unregelmäßig. Dies führte zu Andeutungen, dass der Präsident (Yar' adua Umaru) Maßnahmen ergriff, um seinen Vorgänger zu kränken". Er fügt hinzu: "Ein genauer Blick auf die Hintergründe der Annullierung brachte einige unappetitliche Details ans Licht. Ein Unternehmen namens Mathan Nigeria Limited hatte den Auftrag in Höhe von 37 Milliarden N für den Bau von Zentren für die medizinische Grundversorgung in den 774 lokalen Regierungsbezirken des Landes erhalten. Auf der Grundlage einer Genehmigung des Federal Executive Council (FEC) wurde das Geld am Ende eines jeden Monats vom Konto jeder lokalen Regierung abgezogen, wobei eine Geschäftsbank als Vermittler für den Auftragnehmer und ALGON, den Hauptförderer dieses Projekts, fungierte. Vor dem Hintergrund der Behauptungen mehrerer Gemeinderäte, das Projekt werde ihnen aufgezwungen.

e) Wirtschaftlicher Faktor:

Einer der wichtigsten wirtschaftlichen Faktoren, die die Korruption in Nigeria vor allem unter den Nigerianern gefördert haben, ist die Armut, vor allem unter den Armen, die unsicher sind, was die Zukunft bringt oder was in naher Zukunft aus ihnen werden wird. Dies wird auf das mangelnde Vertrauen in die gesamte nigerianische Führung zurückgeführt, die die Wähler seit der Unabhängigkeit bei der Bewältigung der sozioökonomischen Probleme des Landes im Stich gelassen hat. Außerdem würden Millionen von armen Nigerianern aus Angst vor dem Unbekannten, was die Zukunft für sie bereithält, wenn sie die Möglichkeit hätten, in irgendeiner Funktion zu dienen, diese unterschlagen, weil sie glauben, dass sich eine solche Gelegenheit nicht noch einmal ergeben könnte, was auf den Mangel an Führungskräften auf allen Regierungsebenen in Nigeria zurückzuführen ist.

Die Gier ist jedoch eine weitere Dimension der Korruption in Nigeria, insbesondere bei den Reichen. Es ist lächerlich in Nigeria zu sehen, wie ein Mann, der Milliarden von Naira auf seinem Konto und eine Menge Investitionen sowohl in Nigeria als auch in Europa hat, dennoch mehr haben will und sogar bereit ist zu sterben, um mehr Geld zu bekommen, und alles tut, ohne sich darum zu kümmern, ob es der Nation in seinem Streben nach Geld und materiellen Bedürfnissen schadet.

KAPITEL SECHS

ARTEN DER KORRUPTION IN NIGERIA

"Niemand lebt in Nigeria isoliert von der Korruption, entweder ist man von der Korruption infiziert oder man ist von der Korruption betroffen.
"Wenn wir den Staat abschaffen, schaffen wir auch die Korruption ab"
- Gary Becker
"Lasst uns kämpfen ... und die Korruption beenden"
- Lucky Dube
"Viele der schlimmsten Verbrechen gegen die Gesellschaft sind nicht strafbar"
-Anonym

Unkonventioneller und betrügerischer Handel, Veruntreuung oder Abzweigung von Geldern, Schmiergelder, Unter- und Überfakturierung, Bestechung, falsche Erklärungen, Amtsmissbrauch und die Erhebung illegaler Mautgebühren sind neben anderen unlauteren Praktiken die Formen, die Korruption in Nigeria annimmt. Im internationalen System wird Nigeria als eine der korruptesten Nationen der Welt eingestuft, eine Einstufung, die dem Land seinen stolzen Platz im internationalen Wirtschaftssystem verwehrt hat (Transparency International, 2006).

Wissenschaftler haben versucht, die Korruption in verschiedene Kategorien oder Typen einzuteilen. Die Kategorisierung der Korruption durch einige dieser Gelehrten wird identifiziert und analysiert werden.

Waziri (1991) klassifizierte die Korruption als große und kleine Korruption, die Folgendes umfasst:

(a) Unerlaubte Verwendung von offiziellem Briefpapier wie Umschlägen, Papieren und Schreibmaschinen für private Zwecke durch Beamte für die Korrespondenz ihrer Vereine oder Verbände;

(b) Heutzutage ist es üblich, dass Medikamente und andere Krankenhausausrüstungen, die dem Staat gehören, von einigen Mitarbeitern in staatlichen Krankenhäusern frei verwendet oder verkauft werden;

(c) Die Abzweigung von staatlichen Arbeitskräften und Ausrüstungen für private Arbeiten in landwirtschaftlichen Betrieben oder auf Baustellen ist heutzutage eine gängige Praxis;

(d) Verschwinden aus den Amtsräumen während der Bürozeiten für private Arbeiten;

(e) Missbräuchliche Nutzung von Regierungsfahrzeugen für andere als dienstliche Zwecke.

(f) Unmoralisches Verhalten gegenüber weiblichen Beschäftigten und Bewerbern, die vor

67

der Bearbeitung von Bewerbungen oder der Durchführung von Vorstellungsgesprächen ein Geschlecht verlangen, oder die vor der Beförderung einer weiblichen Beschäftigten ein Geschlecht verlangen usw.

Andererseits ist die Korruption, wie Waziri feststellte, im öffentlichen Leben Nigerias allgegenwärtig, und zwar in allen Bereichen:

(a) Mäßigung bei Vertragsunterlagen und Zahlungsbelegen, insbesondere in Fällen, in denen diese Beamten Bestechungsgelder von Bewerbern oder denjenigen, die sie begünstigen wollen, erhalten. Die Vertragsunterlagen werden vernichtet, um zu verhindern, dass die Bewerber bei der Vergabe günstig abschneiden. Manchmal wird den von ihnen bevorzugten Bewerbern sogar nach Ablauf der Einreichungsfrist gestattet, neue Unterlagen mit Vergütungsangeboten einzureichen;

(b) Die missbräuchliche Verwendung der Estacode-Zulage durch hochrangige Regierungsbeamte ist ein weiterer wichtiger Grund für das Gedeihen der Korruption. Er fügte hinzu, die beiden Motive für die korrupte Verwendung von Estacode durch sehr hohe Beamte seien:

die Welt zu bereisen, um ein Leben in Leichtigkeit und Vergnügen zu suchen und zu genießen und

ii.   Aufblähung von Verträgen mit dem Ziel, eine Belohnung für private Vorteile zu erhalten.

Korruption, ob groß oder klein, ist Korruption, und sie sollte von allen verurteilt werden.

Odekunle (1991) unterscheidet fünf Arten von Korruption, nämlich

a)   **Politische Korruption (große Korruption) wird** größtenteils von politischen Amtsträgern und ihren Gefolgsleuten begangen, die in erster Linie von dem Wunsch beseelt sind, politische Macht zu erlangen oder zu behalten, z. B. durch den Kauf von Stimmen, illegale Handlungen, die auf die Wahl oder die Niederlage eines bestimmten Kandidaten abzielen, oder die illegale Bevormundung von Insassen bei Ernennungen im öffentlichen Dienst.

Unter politischer Korruption versteht man die Ausnutzung gesetzlicher Befugnisse durch Regierungsbeamte zu legitimen privaten Zwecken. Der Missbrauch staatlicher Macht für andere Zwecke, wie die Unterdrückung politischer Gegner und allgemeine Polizeibrutalität, gilt nicht als politische Korruption. Ebenso wenig wie illegale Handlungen von Privatpersonen oder Korruption, die nicht direkt mit der Regierung zu tun hat.

Diese Position wurde von Lopombora (1974) bekräftigt, der feststellte, dass für

68

die Bekämpfung der politischen Korruption erstens eine Trennung zwischen privater und öffentlicher Sphäre und ein Verständnis dafür erforderlich ist, dass letzterer spezifische Rechte, Pflichten und Verantwortlichkeiten zukommen. Zweitens kann politische Korruption nicht losgelöst von politischen Institutionen und Rollen und den jeweiligen Personen, die sie innehaben, existieren. Solange ein Element einer Transaktion nicht in der öffentlichen, sondern in der privaten Sphäre angesiedelt ist, kann es keine politische Korruption geben. Drittens müssen sich die beteiligten Beamten in einer Weise verhalten, die gegen eine Pflicht und/oder Verantwortung verstößt, und dieses Verhalten muss privaten (d. h. nicht öffentlichen) Zwecken dienen. Diese Ziele können direkt mit dem Amtsträger oder indirekt mit seiner Familie, seinen Verwandten, Freunden oder Organisationen, mit denen er in Verbindung steht, verbunden sein. Das Verhalten kann aktiv oder passiv sein, auch Untätigkeit in Situationen, die ein Handeln erfordern würden, kann eine Form der Korruption sein.

Brooks (1970) beschreibt politische Korruption als die "absichtliche Ausübung von Macht mit dem Motiv, sich einen weniger direkten persönlichen Vorteil zu verschaffen". In diesem Zusammenhang kann politische Korruption als vorsätzlicher Akt der Sabotage oder der Vernachlässigung einer anerkannten Pflicht, in der Regel für den Staat (Öffentlichkeit) oder eine autorisierte Machtausübung, zum persönlichen Vorteil gesehen werden.

Darüber hinaus wird ein Zustand hemmungsloser politischer Korruption oft als Kleptokratie bezeichnet, was wörtlich "Herrschaft der Diebe" bedeutet. In diesem Stadium ist das Ausmaß der Korruption unter den Beamten und politischen Amtsträgern am höchsten, so dass die politischen oder öffentlichen Amtsträger unaufhörliche Diebe sind, denn alles, was sie tun, ist, das, was für das öffentliche Interesse bestimmt ist, für private Interessen umzuleiten. Dazu gehört auch die Beschlagnahmung von öffentlichem Vermögen für den persönlichen Gebrauch und die Plünderung der Staatskasse ohne Reue oder Angst vor Strafe.

Politische Korruption ist der Missbrauch oder die missbräuchliche Ausnutzung von öffentlicher oder staatlicher Macht zum unrechtmäßigen privaten Vorteil. Sie ist ein Versuch, sich mit illegalen Mitteln Reichtum oder Macht zu sichern, um auf Kosten der Allgemeinheit einen privaten Vorteil zu erlangen (Aiyede, in Adetula, 2000). Politische Korruption resultiert oft aus dem Streben und der Gier nach Macht, wobei Reichtum ein Aspekt davon ist. Sen (1999) sieht in der politischen Korruption eine Verletzung etablierter Regeln zum persönlichen Vorteil und Profit. Das bedeutet, dass politische

69

Korruption darauf abzielt, die eigenen Interessen oder die der eigenen Gruppe durchzusetzen, sei es zum Nutzen der eigenen ethnischen Gruppe, von Freunden oder der Familie usw.

Aiyede (2000) nennt folgende Formen der politischen Korruption: Bestechung, Erpressung, Einflussnahme, Betrug, Veruntreuung und Vetternwirtschaft. Er fügte hinzu, dass Korruption oft kriminelle Unternehmungen wie Drogenhandel, Geldwäsche und Prostitution begünstigt; er argumentierte, dass sie nicht auf diese organisierten Verbrechen beschränkt ist. Er betont außerdem, dass die Definition von korrupten Praktiken je nach Land oder Gerichtsbarkeit unterschiedlich ist. Bestimmte politische Finanzierungspraktiken, die in einem Land legal sind, können in einem anderen Land illegal sein. In einigen Ländern haben Polizei und Staatsanwaltschaft einen großen Ermessensspielraum bei der Entscheidung, wer verhaftet und angeklagt wird, und die Grenze zwischen Ermessensspielraum und Korruption kann schwer zu ziehen sein. In Ländern mit einer starken Interessengruppenpolitik werden Praktiken, die anderswo leicht als Korruption eingestuft werden könnten, manchmal als offizielle Gruppenreferenzen geheiligt (Aiyede, in Adetula, 2000).

Ojo (2007:108) sieht politische Korruption als eine Handlung, die hauptsächlich von politischen Amtsträgern und ihren Mitarbeitern begangen wird, deren Hauptmotivation darin besteht, politische Macht zu erlangen oder zu behalten, z. B. durch Stimmenkauf, illegale Handlungen, die auf die Wahl oder die Niederlage einer bestimmten Macht abzielen, oder die Nutzung der staatlichen Maschinerie zur Beeinflussung von Wahlausschüssen, um Wahlen zu ihren Gunsten zu manipulieren, oder die unrechtmäßige Bevormundung bei Ernennungen im öffentlichen Dienst u. a. m.

Zusammenfassend lässt sich sagen, dass politische Korruption dazu neigt, Demokratie und verantwortungsvolle Staatsführung zu untergraben, und dass sie wiederum Rechenschaftspflicht und Transparenz sowie ordnungsgemäße Verfahren behindert.

(b) **Wirtschaftliche/kommerzielle/finanzielle Korruption** sind Handlungen, die größtenteils von Geschäftsleuten und Auftragnehmern begangen werden, die direkt durch finanziellen Gewinn motiviert sind, und zwar nicht nur für die Auftragnehmer und Geschäftsleute, sondern auch für Politiker, militärische Eliten und Verwaltungsbeamte, z.B. durch die Gewährung von Schmiergeldern oder Provisionen an Entscheidungsträger für öffentliche Bauaufträge. Dies bedeutet, dass die von der nigerianischen Regierung auf verschiedenen Ebenen gezahlten 10 % für Beraterprovisionen ein Akt der Korruption sind, der legalisiert wurde. Es müssen Anstrengungen unternommen werden, um die Gewährung von 10 % aller Regierungsaufträge an ihre Berater abzuschaffen.

Ojo (2007:108) versteht unter wirtschaftlicher Korruption Handlungen, die größtenteils von Geschäftsleuten und ihren Mitarbeitern begangen werden, deren Hauptmotivation nicht nur in finanziellen Gewinnen für sie selbst besteht, sondern auch in der Bereicherung ihrer politischen Verbündeten, ihrer militärischen Förderer oder der Mitarbeiter des öffentlichen Dienstes, die ihnen geholfen haben, den Auftrag zu erhalten. Aluko (2006) beobachtet zu Recht den Ursprung, die Ziele sowie die Kategorien derjenigen, die sich an wirtschaftlicher Korruption beteiligen, und der Opfer von Korruption. Er behauptet, dass "Korruption in den Bereich des sozialschädlichen Verhaltens oder der sozialschädlichen Verhaltensweisen fällt, ob codiert oder uncodiert. Diese Korruption wird in erster Linie zum wirtschaftlichen Vorteil begangen und betrifft irgendeine Form des Handels, der Industrie, der Regierung oder des Unternehmensdienstes. Die Korruption beinhaltet eine Form der Organisation im Sinne einer Reihe oder eines Systems von mehr oder weniger formellen Beziehungen zwischen den Parteien, die die kriminellen Handlungen begehen. Diejenigen, die typischerweise, aber nicht notwendigerweise, die Haupttäter der Korruption sind, verfügen über sozialen Status, wirtschaftliche und bürokratische Macht oder über alle diese Faktoren. Dass jede sozioökonomische Kategorie im Korruptionsgeschäft angemessen vertreten ist und dass die üblichen Opfer der Korruption direkt und indirekt gewöhnliche/gewöhnliche Bürger und Verbraucher von Waren und Dienstleistungen sind" (zitiert in Ojo 2007:108).

Die Regierung muss dafür sorgen, dass die Ausschreibungsverfahren für die Vergabe von Aufträgen offen und transparent gestaltet werden, um allen Bietern eine Chance zu geben.

(c) **Administrative/berufliche oder bürokratische Korruption** bezieht sich auf kriminelle Handlungen von Spitzenkräften in Verwaltung und Beruf, die ihre Stellung und ihren beruflichen Status für private/materielle und gesellschaftspolitische Vorteile missbrauchen, z. B. gefälschte Konten, Veruntreuung staatlicher Mittel, Hausieren, betrügerische Steuererklärungen, Vertuschung beruflicher Missetaten, Hausieren mit Meilen usw. Diese Art von Korruption ist in den höheren Rängen der Organisationshierarchie weit verbreitet. Diese Art der Korruption hat nachteilige Folgen für das Funktionieren der Organisation und die Persönlichkeit derjenigen, die solche korrupten Praktiken anwenden. Meistens geschehen diese korrupten Praktiken nicht zufällig, sondern absichtlich.

71

(d) Organisierte Korruption bezieht sich auf korrupte Praktiken, die von Eliten und Kontrollorganen durchgeführt werden, um sich auf Kosten der Öffentlichkeit finanziell zu bereichern. In diese Kategorie der Korruption fallen beispielsweise das Horten von Waren jeglicher Art wie Erdölprodukte, um eine künstliche Verknappung herbeizuführen, Preisabsprachen, Gaunereien, Schmuggel, Vandalismus, Sabotage, bewaffnete Raubüberfälle usw.

(e) Die Korruption der Arbeiterklasse ähnelt in fast jeder Hinsicht den administrativen/professionellen Typen, nur der Status der Täter unterscheidet sich - Handwerker, Boten, Buchhalter, Marktfrauen und dergleichen. Im weiteren Sinne handelt es sich um korrupte Praktiken, die von Personen auf der unteren Ebene einer Organisation ausgeübt werden; in der Regel handelt es sich dabei um Bagatelldiebstahl, wie z. B. Diebstahl von Büroausstattung/-stationen für den persönlichen Gebrauch und ähnliches.

(f) Systemische Korruption ist das Ergebnis eines Zusammenbruchs der gesellschaftlichen Normen und Werte, der zu einem Rückgang von Anstand, Disziplin und Ehrbarkeit in der Gesellschaft führt. Systemische Korruption kann aus der Fäulnis gesellschaftlicher Normen und Werte resultieren, bei denen sich die Menschen nicht schämen, unverblümt korrupte Handlungen zu begehen. In diesem Stadium wird Korruption als eine Lebensweise angesehen. Dies kann auch auf das sinkende Bildungsniveau und das gesellschaftliche Normen- und Wertesystem zurückgeführt werden, das zu einem monumentalen Ausmaß von Prüfungsbetrug und Zulassungsbetrug geführt hat, die an der Tagesordnung sind.

Die Auswirkung der systemischen Korruption auf eine Nation besteht darin, dass sie oft zu Unanständigkeit, Disziplinlosigkeit, mangelndem Respekt, unpatriotischer Haltung der Bürger und moralischer Dekadenz und anderem mehr führt. Dies ist die "Mutter" aller anderen Arten von Korruption. Die wirtschaftliche und politische Landschaft Nigerias ist von Korruption und Amtsmissbrauch durchdrungen. Die Nationale Planungskommission hat dies festgestellt: "Systemische Korruption und ein geringes Maß an Transparenz und Rechenschaftspflicht sind die Hauptursachen für das Scheitern der Entwicklung. Illegale Aktivitäten wie der Vorschussbetrug (bekannt als 419) und Geldwäsche haben das Gefüge der nigerianischen Gesellschaft zerrissen" (Nationale Planungskommission, 2005).

Nach Gray und Kaufmann (1998) ist die Korruption in Nigeria systemisch: *"Wo es systemische Korruption gibt, haben sich die Werte der Institutionen und die Verhaltensnormen bereits an den Modus Operandi der Korruption angepasst, wobei*

Bürokraten und andere Beamte den räuberischen Beispielen ihrer Vorgesetzten in der politischen Arena folgen oder sogar Anweisungen von diesen entgegennehmen". In einem solchen Gemeinwesen sinkt die Wahrscheinlichkeit der Aufdeckung und Bestrafung, und damit werden Anreize für eine Zunahme der Korruption geschaffen. Genau das ist nach der Enthüllung geschehen. Das Militär hat die Korruption auf den höchsten Stand aller Zeiten gebracht. Ironischerweise wurde, wie bereits erwähnt, die weit verbreitete Korruption als Begründung angeführt, als sie die Macht von den demokratisch gewählten Regierungen ergriffen (Akinseye-George, 2000).

Fagbadebo (2007) stellt zu Recht fest, dass die Militärregime in Bezug auf Korruption schlimmer waren als die Zivilregime. Dies erklärt die Gründe für die Vielzahl der Korruption und die weitere Dezimierung der verfügbaren Ressourcen und Potenziale für die nationale Entwicklung. Politische Aktivitäten nahmen daher eine gefährliche Dimension an, da die Kandidaten ihren Sieg als Eintrittskarte zum Plündern und Anhäufen von Reichtum betrachteten. Leider konnte die zivile Regierung, die 1999 an die Macht kam, trotz ihrer Entschlossenheit, die Korruption zu bekämpfen, nicht einmal einen positiven Schritt zur Rückgewinnung der Beute aus dem Golfkrieg unternehmen. Stattdessen nimmt die Korruption weiter zu, und der "Missbrauch öffentlicher Ämter zur privaten Bereicherung, gepaart mit Vetternwirtschaft und Bestechung, hat eine gute Regierungsführung zunichte gemacht".

KAPITEL SIEBEN

KORRUPTE PRAKTIKEN IN NIGERIA

"Nicht durchsetzbare Gesetze wie Verbote, Preiskontrollen oder die Rückgabe von lebenswichtigen Gütern führen unweigerlich zu weit verbreiteter Korruption.
-Lapalombara, J.G.
"Rücksichtslosigkeit und Freizügigkeit sind die Grundlagen der Korruption".
"So viele Menschen verstecken sich unter dem Dach der Religion, um unvorstellbare Sünden zu begehen und sich dann umzudrehen und Gott um Vergebung zu bitten.
- Ibrahim Jimoh

Die Aktivitäten, die als illegale Korruption gelten, sind je nach Land oder Gerichtsbarkeit unterschiedlich. Bestimmte politische Finanzierungspraktiken, die in einem Land oder einer Gesellschaft legal sind, können in einem anderen Land oder einer anderen Gesellschaft illegal sein. In einigen Fällen haben Regierungsbeamte weitreichende oder schlecht definierte Befugnisse, die es schwierig machen, zwischen legalen und illegalen Handlungen zu unterscheiden, insbesondere in Nigeria.

Johnston (2000) argumentiert, dass dort, wo es schwache politische und marktwirtschaftliche Institutionen gibt, eine Vielzahl illegaler Praktiken gedeihen kann; zuweilen entwickeln sie sich zu straff organisierten politischen und bürokratischen Netzen, die notfalls mit Gewalt geschützt werden. Dies wiederum behindert demokratische und marktwirtschaftliche Prozesse und untergräbt deren Glaubwürdigkeit. Wo Demokratie und Wachstum schwach sind, können die Verlierer der Korruption von korrupten Beamten und Unternehmern abhängig sein oder von ihnen eingeschüchtert werden - oder sie halten es einfach für klug, sie zu meiden (Alam, 1995).

Fagbadebo (2007) behauptet, dass korrupte Praktiken in Nigeria offensichtlich sind, da das Land ein wahres Beispiel für den Zusammenhang zwischen Korruption und politischem Unglück darstellt. Ribadu (2006) gab einen Einblick in die endemische Natur der Korruption in Nigeria und bezeichnete den Zeitraum zwischen 1979 und 1998 als *"die dunkelste Periode" in Nigerias Geschichte der korrupten Regime. Die zivile Verwaltung von 1979 bis 1983 war geprägt von Verschwendung, "mutwilliger Verschwendung, politischem Gaunertum und Zwang ... Missachtung der Rechtsstaatlichkeit ... unverhohlener Plünderung öffentlicher Gelder durch "White Elephant"-Projekte".*
"Korrupte Staatsbedienstete und andere im privaten Sektor überfielen die Nation, maskiert als Geschäftsleute und Machtmakler mit verdorbenem und gestohlenem Reichtum, und verlangten vom Rest von uns, vor ihnen zu kuschen. Die Zeit des Militärregimes war erbärmlich. Unter ihnen wurde die Korruption zum einzigen Leitprinzip für die Führung der Staatsgeschäfte. In dieser Zeit kam es zu einer totalen

74

Umkehrung und Zerstörung aller guten Dinge im Land.

Die folgenden Praktiken werden als korrupte Praktiken eingestuft, die in den meisten Gesellschaften, auch in Nigeria, zu beobachten sind.

BRIBERY

Sie wird definiert als die Handlung, bei der jemandem etwas angeboten oder versprochen wird, um ihn/sie zu beeinflussen oder zu überreden, etwas Falsches zu tun oder unmoralisch/rechtswidrig zugunsten des Gebers zu handeln. Sie wird manchmal unter verschiedenen Namen wie "Strich", "brauner Umschlag", "kola, kick- back", chop - chop usw. bezeichnet, um sie weniger abscheulich erscheinen zu lassen. Bestechung im Bankensektor erfolgt in Form von Bargeldangeboten oder Zuwendungen, die für die Gewährung eines Bankkredits oder die Genehmigung von Devisenauszahlungen erhalten werden (Awa, 1991).

Nach Artikel 2 des Europäischen Strafrechtsübereinkommens über Korruption ist Bestechung *"das unmittelbare oder mittelbare Versprechen, Anbieten oder Gewähren eines ungerechtfertigten Vorteils für einen Amtsträger oder eine Amtsträgerin, damit dieser/diese bei der Ausübung seines/ihres Amtes eine Handlung vornimmt oder unterlässt"*.

Andvig (2008) stellt zu Recht fest, dass korrupte Transaktionen hauptsächlich in Dyaden (zwei Personen) durchgeführt werden. Während kommerzielle Formen der Korruption in der Regel wirtschaftlich motiviert sind und sich die Akteure auf wirtschaftliche Belohnungen konzentrieren. Er fügte hinzu, dass. Korrupte Transaktionen finden wahrscheinlich in jeder Art von Organisation zu jeder Zeit bis zu einem gewissen Grad statt. In Ländern, in denen ein großer Teil des öffentlichen Apparats von Korruption geprägt ist, findet Korruption wahrscheinlich in allen Phasen statt. Sowohl in staatlichen als auch in nichtstaatlichen Organisationen, die aktive Gewaltanwendung als Mittel der Einflussnahme einsetzen, ist die Androhung von Gewalt als Anreiz verfügbar. In Konfliktsituationen können Akteure, die über Gewalt verfügen, diese nicht nur für öffentliche oder rein räuberische Ziele einsetzen, sondern auch als Grundlage für Veruntreuung, Betrug und dyadische, korrupte Transaktionen.

Bestechung ist eine der am weitesten verbreiteten korrupten Praktiken. Obwohl sie nicht nur in Nigeria vorkommt, wird sie allmählich zu einer Lebensweise oder Tradition. Ubek (1991) stellte treffend fest, dass man sich eine Situation nicht erklären kann, in der Tausende von gestohlenen Autos mit absoluter Unbescholtenheit über unsere Grenzen in die Nachbarländer gelangen. Natürlich ist der Schmuggel als Lebensweise akzeptiert worden. Es wurde beobachtet, dass einige Zöllner und Zöllnerinnen sich durch Bestechung den Weg in "lukrative Gebiete" des Landes bahnen. Junge Hochschulabsolventen haben es in der Tat schwer, beim Zoll unterzukommen. Vor einigen Jahren fragte sich ein Minister laut, warum junge Hochschulabsolventen mit einem Abschluss in Natur- und Ingenieurwissenschaften beim Zoll arbeiten wollten. Er fügte hinzu: "Wenn zwei Nigerianer einen Fall haben, kümmern sie sich nicht darum, wie gut ihr Fall ist, sondern sie suchen beide nach jemandem, der den Richter "beeinflussen" kann. Sogar Anwälte haben bestätigt, dass Richter tatsächlich beeinflusst werden".

Darüber hinaus erhalten Dozenten und Lehrer heute Geld von Eltern oder Erziehungsberechtigten, um ihren Kindern/Schülern die Zulassung zu ermöglichen. Oder was würde man dazu sagen, wie Studenten Prüfungsunterlagen vor Beginn ihrer Prüfung erhalten? Oder Eltern/Erziehungsberechtigte, die Geld geben, um Prüfungsaufgaben für ihre Kinder zu erhalten? Oder multinationale Unternehmen, die wahllos Gas abfackeln, ohne dafür bestraft zu werden? Oder nigerianische Sicherheitsbeamte, die Geld von Autofahrern erpressen, oder Polizisten, die Geld für eine Kaution eintreiben, obwohl es fett geschrieben steht. Kaution ist kostenlos". Es ist auch erstaunlich, dass Hochschulabsolventen und ihre Eltern oft die Beamten des National Youth Service Corps beeinflussen, damit ihre Schützlinge in die so genannten "Juice states"" oder bevorzugten Dienstbereiche" versetzt werden. Oder die Art und Weise, in der die meisten Beamten, Militärs und paramilitärischen Offiziere befördert oder entlassen werden? Wenn sie richtig untersucht werden, ist da ein Hauch von Bestechung drin.

KRONYISMUS

Dies ist die Praxis, Freunde in Schlüsselpositionen oder Ämter zu berufen, unabhängig von ihrer Glaubwürdigkeit, Qualifikation oder Eignung. Vetternwirtschaft ist ein "Old-Boys-Network", bei dem Personen für offizielle Positionen nur aus einem geschlossenen und exklusiven sozialen Netzwerk ausgewählt werden, z. B. aus den Ehemaligen bestimmter Einrichtungen, anstatt die kompetentesten Kandidaten zu ernennen (Chori, 20 10).

In Nigeria ist es heute ein weit verbreitetes Phänomen, dass Ernennungen auf der Grundlage von Vereinsmitgliedschaft, politischen Zielen, religiöser Zugehörigkeit usw. erfolgen, unabhängig davon, ob diese Personen qualifiziert und glaubwürdig sind oder nicht. Die Glaubwürdigkeit und die Qualifikation der Personen werden immer häufiger in den Hintergrund gedrängt. Es ist auch nicht mehr verwunderlich, dass in Nigeria die Ernennung zu einem Arbeitsplatz oder zu einem politischen Amt auf der Grundlage von "wer kennt wen" oder "Mann kennt Mann" erfolgt, so dass diejenigen, denen die politischen, wirtschaftlichen oder sozialen Verbindungen fehlen, nicht berücksichtigt werden. Um die gewünschte "Verbindung" oder "Unterstützung" zu bekommen, wird oft alles getan, um die gewünschten Verbindungen zu bekommen.

EMBEZZLEMENT

Es handelt sich um die betrügerische Aneignung von fremdem Eigentum durch jemanden, dem es anvertraut wurde oder aus dessen Händen es rechtmäßig stammt (Etuk, 1991). Es handelt sich um Diebstahl von staatlichen Geldern oder Eigentum. Er umfasst auch die Verwendung von staatlichen Mitteln für private Zwecke. Chari, (2010). Veruntreuung bedeutet die Plünderung öffentlicher Gelder zum persönlichen Vorteil. Öffentliche Gelder umfassen in diesem Zusammenhang Geld und Eigentum, das der Öffentlichkeit gehört und für den öffentlichen Gebrauch und nicht für private Zwecke bestimmt ist.

In Nigeria wird Veruntreuung oft mit dem öffentlichen Bereich in Verbindung gebracht, wenn Beamte die Staatskasse plündern. Vor der Einrichtung der Anti-Betrugs-Behörden, d.h. der Independent Corrupt Practices and other related Offences Commission (ICPC) und der Economic and Financial Crimes Commission (EFCC), war das Ausmaß der Veruntreuung im öffentlichen Sektor alarmierend, da die politisch ernannten Beamten (Public Officials) Ämter und Ernennungen als eine Möglichkeit sahen, sich zu ihrem Vorteil zu bereichern. Obwohl die Existenz dieser Anti-Betrugs-Behörden einige korrupte Nigerianer nicht erschreckt hat, weil sie leicht eine gerichtliche Verfügung erwirken können, die die Anti-Betrugs-Behörden davon abhält, sie zu verfolgen, oder ihnen eine kurzfristige Haftstrafe auferlegt wird, damit sie später ihre Beute genießen können.

HAUSIEREN MIT EINFLUSS

Dabei handelt es sich um die Vermittlung zwischen einer Person und einer Organisation oder einer Person, um einen Gefallen oder eine Unterstützung zu erhalten, mit dem Ziel, einen Vorteil, in der Regel Geld, für die geleisteten Dienste zu bekommen. Dies ist häufig bei Personen der Fall, die in direktem Kontakt mit den Verantwortlichen stehen. Bei allem Respekt für Lobbyisten sind bestimmte Lobbying-Aktivitäten korrupt, vor allem wenn sie die bestehende soziale und politische Ordnung untergraben. Zum Beispiel dienen einige Nigerianer oft als Vermittler für politische Amtsträger, die in den meisten Fällen einen Prozentsatz oder Anteil an dem Geld haben wollen, das dem Besucher oder Gast gegeben wird.

FRAUD

Betrug ist eine vorsätzliche Handlung mit der Absicht, die Wahrheit zu verändern, um einen persönlichen finanziellen Gewinn zu erzielen. Etuk, (1991) definierte Betrug als jede List, Täuschung oder jeden Trick, der eingesetzt wird, um einen anderen zu täuschen oder zu betrügen. Er umfasst alle Mittel, die der menschliche Einfallsreichtum erfinden kann und die eingesetzt werden, um sich durch falsche Andeutungen oder durch Äußerung der Wahrheit einen Vorteil zu verschaffen. In Nigeria sind Fälle von Betrug in allen Bereichen der nigerianischen Gesellschaft weit verbreitet. Zum Beispiel betrügen Bankangestellte manchmal Kunden um ihr Geld auf ihrem Konto. Im August 2011 fälschte eine Frau die Unterschrift von Dame Patience Jonathan, um sich einen Job für ihre Kunden zu sichern, und viele andere Fälle.

Etuk, (1991:110) unterscheidet zwei Arten von Betrug, nämlich;

Bei der Unterschlagung handelt es sich um die Veruntreuung von Unternehmensvermögen durch Angestellte und leitende Angestellte des Unternehmens. Sie beinhaltet die Beschlagnahme von Sachwerten oder Bargeld. Es handelt sich um den Diebstahl von Geschäftsansprüchen durch den Angestellten.

Fälschung von Jahresabschlüssen: Es handelt sich um die Herausgabe von Jahresabschlüssen, die eine falsche Bewertung durch die Geschäftsleitung darstellen und sich gegen Aktionäre, Gläubiger, die Regierung und die Öffentlichkeit im Allgemeinen richten. Bei den falschen oder irreführenden Jahresabschlüssen handelt es sich oft um Diebstähle von Behauptungen, die absichtlich zu niedrig angesetzt werden, um die Einkommensteuer zu senken. Etuk argumentiert auch, dass beide Arten von Betrug kombiniert werden können, d.h. Diebstahl von Vermögenswerten kann mit einer Überbewertung der Vermögenswerte kombiniert werden, um die Unterschlagung zu verbergen.

Etuk (1991) identifizierte die folgenden Arten von Bankbetrug als üblich:

(a) Diebstahl von Bargeld von Kunden durch Bankmitarbeiter

(b) Fälschung der Unterschrift des Kunden in der Absicht

 (c) Kontobetrug durch Verwendung gefälschter Schecks;

(d) Unerlaubte illegale Überweisung von Geldern von einem Kundenkonto auf das Konto eines kollaborierenden Betrügers mit Duldung eines kollaborierenden Bankmitarbeiters;

(e) Eröffnung und Führung fiktiver Konten, auf die illegale Überweisungen getätigt und falsche Guthaben angelegt werden konnten, um sie später in betrügerischer Absicht abzuheben.

(f) Kreditvergabe an fiktive Kreditnehmer über fiktive Konten, die bei einer Zweigstelle eröffnet wurden;

(g) Gewährung von Krediten ohne angemessene Informationen und Sicherheiten seitens der Kreditnehmer oder Kreditvergabe in voller Kenntnis der Tatsache, dass der Kredit nicht zurückgezahlt werden wird.

(h.) Unterdrückung von Schecks durch illoyale Mitarbeiter, damit die vorlegende Bank nach der gesetzlich zulässigen Frist von 5 Tagen für inländische und 21 Tagen für zwischenstaatliche Schecks gemäß den neuen Clearing-System-Vorschriften eine automatische Gutschrift und Wertstellung vornehmen kann (obwohl sich der Zeitrahmen heute erheblich geändert hat).

(i) Missbräuche im Devisenhandel;

(j) Inanspruchnahme der Auslandsgutschriften der Zentralbank;

(k) Ersetzung des Einreichungsformulars der Zentralbank für das Clearing von Schecks;

(I) Druck von Scheckbüchern, um mit dem Betrüger übereinzustimmen; Abfangen und Vermitteln von Fernschreiben zur Überweisung von Geldern.

Darüber hinaus gibt es in Nigeria verschiedene Computerbetrügereien, bei denen sich die Betrüger Zugang zu wichtigen Informationen (Dokumenten) von Banken und anderen Finanzinstituten verschaffen.

Etuk (1991) stellt fest, dass Buchhalter und Wirtschaftsprüfer im Dienste des privaten Sektors bekannt dafür sind, dass sie die Buchführung und die Unternehmensorganisation manipulieren und dass verschiedene Konten zur Vorlage bei der Bank vorbereitet werden, um einen Bankkredit zu erhalten. In diesem Fall muss das Unternehmen möglicherweise einen Gewinn ausweisen.

Die meisten Politiker in Nigeria, die bei der Gewährleistung einer guten Regierungsführung für die Bürger versagt haben, vergeben oder beeinflussen die Vergabe von Aufträgen an Auftragnehmer, die nicht über die erforderlichen Durchführungskapazitäten verfügen, und bezahlen sie, bevor die Arbeit erledigt ist, was dazu führt, dass Projekte aufgegeben werden oder die Arbeit von schlechter Qualität ist. Vergabe oder Beeinflussung von Projekten an Standorten, die laut Durchführbarkeitsbericht nicht geeignet sind, was dazu führt, dass die Projekte nicht abgeschlossen und genutzt werden. Auch die Beeinflussung, Ernennung und Beförderung unqualifizierter und inkompetenter Personen in Ministerien und halbstaatlichen Einrichtungen oder Agenturen auf politischer Basis führt dazu, dass diese Unternehmen mit Verlust für die Nation arbeiten, und beeinflusst Vertragsänderungen (ebd.).

Darüber hinaus haben multinationale Unternehmen in letzter Zeit der nigerianischen Wirtschaft schweren Schaden zugefügt, indem sie im Namen ihrer Organisationen überteuerte Rechnungen aus vielen Industrieländern nach Nigeria schicken ließen. Andere Möglichkeiten sind: Überweisung großer Geldsummen in ihr Heimatland, ohne im Gegenzug Waren zu erhalten. Die Zahlung von Liegegeldern für Sendungen wird absichtlich verzögert oder es wird fälschlicherweise behauptet, dass sie sich verzögert haben, und zwar mit dem Einverständnis von Hafenbeamten, illegales Bunkern von Rohöl, Handel mit Einfuhrlizenzen, Horten lebenswichtiger Güter, illegaler Schmuggel von Produkten aus Nigeria und Schmuggel anderer Produkte mit dem Einverständnis von Zollbeamten, Drogenhandel und illegaler Handel mit Devisen (ebd.).

Darüber hinaus machen sich Beamte und Angestellte des öffentlichen Dienstes in Ministerien, Agenturen und halbstaatlichen Einrichtungen in Nigeria, insbesondere die korrupten, häufig der folgenden Betrügereien schuldig, wie Etuk (1991) richtig feststellte:

(a) Nicht-Einzahlung der Einnahmen an die Zentralbank, sondern Vorlage gefälschter Kassenbelege beim Unterbuchhalter, mit dem Einverständnis der Mitarbeiter der Zentralbank.

(b) Ausstellung von Quittungen an Geschäftsleute und Hersteller für Steuern und Abgaben, die mit Schecks "bezahlt" wurden, von denen bekannt ist, dass sie nicht durch Barmittel gedeckt sind, und Beibehaltung des Schecks, bis der Aussteller etwas anderes sagt.

(c) Ausstellen von Originalquittungen an den Einzahler über den richtigen Betrag des angebotenen Bargelds und Ändern der Quittung auf dem Deckblatt, so dass ein geringerer Betrag ausgewiesen wird, und Veruntreuen des Differenzbetrags.

(d) Unerlaubtes Drucken und Ausstellen von gefälschten "offiziellen Quittungen" durch Steuereintreiber bei Zulassungsstellen, Mautstellen, Gerichten usw. und Veruntreuung der so eingenommenen Beträge.

(e) Versäumnis, aus dem einen oder anderen Grund keine ordnungsgemäßen Bankabstimmungserklärungen zu erstellen.

(f) Ausstellung von Zwischen- oder Fertigstellungsbescheinigungen für noch auszuführende Arbeiten, so dass dem Auftragnehmer auf der Grundlage der falschen Bescheinigung Zahlungen für nicht ausgeführte Arbeiten geleistet werden.

(g) Annahme von Waren im Rahmen eines Liefervertrags, die nicht den bestellten entsprechen, oder Ausstellung falscher Dokumente, um den Erhalt der Waren "nachzuweisen", obwohl keine geliefert wurden.

(h) Umwandlung von zum privaten Gebrauch gelieferten Waren.

(I) Zahlung von Gehältern an nicht existierende Arbeitnehmer".

Er fügte hinzu, dass die Mitarbeiter in halbstaatlichen und staatlichen Unternehmen manchmal glauben, sie seien frei von den "Fesseln des bürokratischen Verwaltungsapparats in den Ministerien" und hätten daher die Erlaubnis, sich über die in den Finanzvorschriften festgelegten internen Kontrollrichtlinien der Regierung hinwegzusetzen. Daher nehmen sie sich die Freiheit, die folgenden Wirtschaftsdelikte zu begehen:

(a) Verschrottung gebrauchsfähiger und rentabler Ausrüstungen, z. B. Motoren, Generatoren, Maschinen usw., und deren Verkauf an ihre Beauftragten zu Spottpreisen.

(b) Verkauf des Großteils der von den staatlichen oder halbstaatlichen Unternehmen hergestellten Produkte an sich selbst oder ihre Beauftragten unter dem Selbstkostenpreis, was zu Bruttoverlusten in Unternehmen führt, die eigentlich hohe Gewinne erwirtschaften sollten.

(c) Sie verteilen die von ihren halbstaatlichen Einrichtungen hergestellten Waren kostenlos an sich selbst, was zu großen Verlusten führt.

(d) Anlage großer Bankguthaben auf zinsbringenden Konten, ohne dass die Zinsen dem Unternehmen gutgeschrieben werden.

(e) Anzeige von Bargeld, das über einen sehr langen Zeitraum von einer Station zur anderen transferiert wird, während das Bargeld privat genutzt wird, um mit dem Einverständnis des Bankpersonals irgendwo Zinsen auf einem Einlagenkonto zu verdienen.

(f) Gewährung rechtswidriger und unangemessen hoher "Vorschüsse" an Bedienstete ohne Rückforderung, bis diese "sterben" oder "aus dem Dienst ausscheiden".

All diese Betrugsfälle sind in öffentlichen und privaten Einrichtungen in Nigeria zu beobachten; daher müssen dringend Schritte unternommen werden, um diese hässlichen Betrugstendenzen einzudämmen.

GRATIFICATION

Es leitet sich vom lateinischen Wort "gratificari" ab, was so viel bedeutet wie "einen Gefallen tun". (Collins English Dictionary: 8. Auflage 2006). Gratifikation ist der Akt des Zufriedenstellens oder der Zustand des Zufriedenseins oder etwas, das zufriedenstellt. Gratify bedeutet befriedigen, gefallen, nachgeben oder verwöhnen.

In Abschnitt 2 des ICPC-Gesetzes wird der Begriff "Gratifikation" wie folgt ausgelegt:

(a)   Geld, Schenkungen, Geschenke, Darlehen, Gebühren, Belohnungen, wertvolle Sicherheiten, Eigentum oder Anteile an Eigentum jeglicher Art, unabhängig davon, ob es sich um bewegliches oder unbewegliches Eigentum handelt, oder andere ähnliche Vorteile, die einer Person in der Absicht gewährt oder versprochen werden, diese Person bei der Erfüllung oder Nichterfüllung ihrer Pflichten zu beeinflussen;

(b)   jedes Amt, jede Würde, jedes Arbeitsverhältnis, jeder Bevollmächtigungs- oder Dienstvertrag und jede Vereinbarung, in irgendeiner Eigenschaft ein Arbeitsverhältnis einzugehen oder Dienstleistungen zu erbringen;

(c)   Jede Zahlung, Freigabe, Entlastung oder Liquidation eines Darlehens, einer Verpflichtung oder einer sonstigen Verbindlichkeit, ob ganz oder teilweise;

(d)   Entgelte jeglicher Art, Rabatte, Provisionen, Nachlässe, Abzüge oder Prozentsätze;

(e)   jede Unterlassung der Forderung nach Geld, Geldeswert oder Wertgegenständen;

(f)   sonstige Leistungen oder Vergünstigungen jeglicher Art, z. B. Schutz vor eingetretenen oder befürchteten Strafen oder Behinderungen oder Form von Maßnahmen oder Verfahren disziplinarischer, zivilrechtlicher oder strafrechtlicher Art, unabhängig davon, ob diese bereits eingeleitet wurden oder nicht, einschließlich der Ausübung oder Unterlassung der Ausübung von Rechten oder der Ausübung von Befugnissen oder Pflichten; und

(g)   Jedes Angebot, jede Zusage oder jedes Versprechen, ob bedingt oder unbedingt, einer Zuwendung im Rahmen eines Verfahrens nach den Absätzen (a) bis (f) (Chukkal, (2009).

Das ICPC-Gesetz bietet uns ein breites Spektrum an korrupten Praktiken, die in staatlichen und privaten Einrichtungen in Nigeria zu beobachten sind. Begünstigung wird in diesem Zusammenhang als Oberbegriff für Korruption verwendet.

JUNKET / GLOBALES TRABRENNEN

Junket leitet sich vom lateinischen Wort "Juncus" ab (Collins English Dictionary, 8. Auflage 2006). Dabei handelt es sich um einen Aspekt der politischen Korruption, bei der Regierungsbeamte auf Kosten der Allgemeinheit Reisen oder Ausflüge vor allem zum Vergnügen unternehmen.

Seit der Rückkehr Nigerias zur Demokratie am 29. Mai 1999 nimmt die Zahl der Junkets zu, da Regierungsbeamte und Inhaber politischer Ämter unter dem Deckmantel eines offiziellen Auftrags für "inoffizielle Aufgaben" ins Ausland reisen oder ausländische Investoren anlocken, was, wie wir alle wissen, wenig oder gar nichts gebracht hat, sondern vielmehr der Geldwäsche dient. Viele Inhaber politischer Ämter, insbesondere Gouverneure, Senatoren, Mitglieder des Repräsentantenhauses, der Versammlungen der Bundesstaaten, Justizbeamte und ihre Familienangehörigen wurden der Geldwäsche beschuldigt und einige von ihnen angeklagt, was dem Ansehen des Landes geschadet hat. Es sollten jedoch Gesetze erlassen werden, um die Verbringung von Regierungsbeamten ins Ausland zu regeln, wenn sie nicht aus schwerwiegenden medizinischen Gründen das Land verlassen müssen; sie sollten das Land nicht verlassen dürfen, aus welchem Grund auch immer. Wenn ein solcher Regierungsbeamter das Land aus medizinischen Gründen verlassen muss, sollte ein zugelassener Arzt bescheinigen können, dass die Einrichtung oder das Medikament für diese Krankheit im Land nicht verfügbar ist.

KLEPTOCRACY

Kleptokratie bedeutet wörtlich: "Herrschaft der Diebe". Es ist ein Zustand hemmungsloser politischer Korruption. Nigeria ist eines der Länder, in denen diejenigen, die aus der Staatskasse gestohlen haben, Ernennungen erhalten, Häuptlingstitel erhalten, wiedergewählt oder gewählt werden. Es hat ein Stadium erreicht, in dem jemand umso mehr gefeiert wird, je mehr er/sie aus der Staatskasse gestohlen hat.

Darüber hinaus greifen einige Teile der nigerianischen Bevölkerung häufig die Anti-Betrugs-Behörden bei der Erfüllung ihrer Aufgaben an, was zeigt, dass einige Nigerianer mit der verschärften Art der Kleptokratie in Nigeria zufrieden sind, weil ihr "Sohn" nicht korrupt ist. Diese Behauptung wurde von Chobi (2010) richtig beobachtet, der den Primas der anglikanischen Kirche in Nigeria in der Guardian Newspaper vom Sonntag, den 4. April 2010 zum Wesen der Korruption in Nigeria zitierte: "Wenn du alles an dich reißt und zu deinem Stamm rennst, egal wie schlecht du gewesen bist, werden sie sagen, du bist ein berühmter Sohn, du bist ein großer Mann des Stammes. Sie würden dann andere beschuldigen, die Economic and Financial Crimes Commission (EFCC) und die Independent Corrupt Practices and other-related Offences Commission (ICPC), dich zu verfolgen. Auf diese Weise können wir uns nicht entwickeln.

Die Nigerianer müssen sich jedoch der Herausforderung stellen und dafür sorgen, dass Politiker oder Personen, die sich der einen oder anderen korrupten Praxis schuldig gemacht haben, nicht gewählt, wiedergewählt oder in ein Amt berufen werden.

Zusammenfassend lässt sich sagen, dass Personen mit tadellosen Charakteren mit der Verantwortung für die Regierungsführung in Nigeria betraut werden sollten.

NEPOTISMUS

Dies ist die Bevorzugung der unmittelbaren oder erweiterten Familie oder von

Verwandten, selbst wenn die betreffende Person nicht qualifiziert oder inkompetent ist. In Nigeria haben bestimmte Personen öffentliche Ämter in eine Dynastie verwandelt. Sie neigen dazu, andere Nigerianer als inkompetent zu betrachten. Dieses Verhalten wird oft gefördert, wenn einige Nigerianer als Verwaltungs- oder Exekutivbeamte an die Spitze aufsteigen. Sie neigen dazu, entweder einem Mitglied ihrer Familie, in den meisten Fällen ihren Kindern oder Verwandten, die Möglichkeit zu geben, ihre Nachfolge anzutreten, und verwandeln damit öffentliche Ämter in eine Dynastie, die für ihre Familie bestimmt ist.

Zusammenfassend lässt sich sagen, dass die Vetternwirtschaft ein Krebsgeschwür ist, das auf allen Ebenen bekämpft werden muss, wenn sich eine Gesellschaft in allen ihren Verästelungen entwickeln soll.

TRIBALISMUS

Stammesdenken bedeutet, einer Gruppe von Personen aufgrund ihrer ethnischen oder sprachlichen Zugehörigkeit einen ungerechtfertigten Vorteil zu verschaffen oder zu gewähren. Es bedeutet, eine Person oder eine Gruppe von Personen zu bevorzugen, weil sie einer bestimmten ethnischen Gruppe angehören oder eine gemeinsame Sprache sprechen. Stammesdenken ist ein Synonym für Ethnizität. Stammesdenken oder ethnische Zugehörigkeit ist einer der größten Krebsgeschwüre, die sich tief in das Gefüge der Nigerianer eingefressen haben; daher muss viel getan werden, um sie einzudämmen, wenn möglich, auszurotten.

Es ist jedoch ein häufiges Phänomen, dass öffentliche Einrichtungen von einer bestimmten ethnischen Gruppe dominiert werden. Man könnte sich fragen, was aus dem Grundsatz des föderalen Charakters geworden ist, der bei der Einstellung in öffentlichen Einrichtungen in Nigeria gilt. In der Tat muss die Regierung auf allen Ebenen damit beginnen, Daten über das Personal in all ihren Institutionen zu sammeln, um das Problem der Dominanz einer bestimmten ethnischen Gruppe anzugehen, damit das "ideale Prinzip des föderalen Charakters" zum Tragen kommt.

SMUGGLING

Dabei handelt es sich um die illegale Verbringung von Waren und Dienstleistungen über nationale Grenzen hinweg, um die Zahlung von Zöllen zu umgehen oder die für solche Waren und Dienstleistungen geltenden Gesetze zu umgehen. Schmuggelaktivitäten werden manchmal mit Hilfe von Strafverfolgungsbehörden durchgeführt, die oft bestochen werden und die Schmuggler manchmal begleiten, um Störungen durch andere Sicherheitsbehörden zu vermeiden. In jüngster Zeit werden Autos in Nachbarländer geschmuggelt, umgestaltet und wieder an Nigerianer verkauft. Auch Erdölprodukte werden oft gestohlen und ins Ausland gebracht, um für Nigeria raffiniert zu werden, sowie in mehreren anderen Fällen von Schmuggel.

FÄLSCHUNG UND NACHAHMUNG

Unter Fälschung und Nachahmung versteht man die Nachahmung von Originalen oder echten Dokumenten. In Nigeria reichen die Fälle von Fälschung und Nachahmung von Geld, Zertifikaten, Visa, internationalen Pässen, Unterschriften usw. Es ist nicht mehr neu, dass einige Nigerianer aus Verzweiflung Dokumente fälschen, um eine bestimmte Position zu erlangen. Der ehemalige Sprecher des Repräsentantenhauses, Salisu Buhari, wurde beschuldigt, ein Zertifikat der Universität Toronto in Kanada gefälscht zu haben, was schließlich zu seiner Amtsenthebung als Sprecher des Repräsentantenhauses führte.

EXTORTION

Hierbei handelt es sich um eine Handlung, die die Anwendung von Gewalt, Einschüchterung oder die Androhung von Gewalt beinhaltet, um jemandem Schaden zuzufügen, wenn er/sie sich nicht fügt. Ziel dieser Handlung ist es, vom Opfer Geld, Eigentum oder Dienstleistungen zu erlangen. In Nigeria ist es nicht mehr ungewöhnlich, von Sicherheitskräften auf nigerianischen Autobahnen zu hören, die Geld von Autofahrern erpressen und in einigen Fällen sogar töten, wenn diese nicht gehorchen.

VORSCHUSSBETRUG (INTERNETBETRUG)

Dies ist die Nutzung von Internetdiensten, in der Regel durch Nachrichten oder Texte, um eine andere Person zu betrügen. Dabei wird das Internet (als Kommunikationsmittel) genutzt, um eine Person zu betrügen. Die Täter geben ihren Opfern oft falsche Informationen, indem sie ihnen versprechen, eine bestimmte Dienstleistung zu erbringen, die sie nicht kennen, und die sie schließlich annehmen und enttäuscht werden.

Beim Vorschussbetrug werden moderne Informations- und Kommunikationstechnologien wie Computer, Mobiltelefone usw. eingesetzt, um falsche Nachrichten an Personen zu senden, die manchmal Opfer dieses Betrugs werden.

PIRATEN

Darunter versteht man die Aufnahme, das Kopieren oder die Vervielfältigung eines fremden Werks ohne das vorherige Wissen oder die Erlaubnis des Eigentümers. In Nigeria wurde aufgrund der Aktivitäten von Raubkopierern die Urheberrechtskommission zusammen mit der Film- und Video-Zählungsbehörde eingerichtet, um die Aktivitäten von Raubkopierern im Land einzudämmen. Im Laufe der Jahre haben sich in Nigeria darstellende Künstler, nicht darstellende Künstler,

Schriftsteller und kreative Künstler über die heimtückischen Aktivitäten der Piraten beschwert. Die nigerianische Regierung muss jedoch auf allen Ebenen ihre Bemühungen im Kampf gegen die Piraterie in Nigeria verstärken und die Nation vor den Händen der Saboteure retten.

TRAFFICKING

Menschenhandel ist der Handel mit Waren oder Dienstleistungen, der gesetzlich verboten oder eingeschränkt ist. Es handelt sich auch um den illegalen Handel oder die Ausübung von Aktivitäten, die normalerweise gesetzlich nicht erlaubt sind und schwer bestraft werden. In Nigeria gibt es zwei Arten von Menschenhandel: Drogenhandel und Menschenhandel.

Der Drogenhandel umfasst den Handel mit Drogen wie Kokain, Heroin, Canadian Sativa usw. Der Menschenhandel wird manchmal auch als moderner Sklavenhandel bezeichnet. Er umfasst den Handel mit Menschen. Dies kann innerhalb oder über die Landesgrenzen hinaus geschehen. Im Großen und Ganzen sollte die Rolle der National Agency for the Control of Traffic in Persons (NACTIP) bei der Bekämpfung des Menschenhandels durch die nigerianischen Zoll- und Einwanderungsbehörden und andere Sicherheitskräfte gestärkt werden, um den Zustrom von Schmuggelware und Einwanderern zu kontrollieren.

ADULTERATION

Dabei handelt es sich um die Nachahmung oder Vervielfältigung ursprünglich hergestellter Waren, die in der Regel von minderer Qualität und oft schädlich sind. Die Verfälschung von lokal oder im Ausland hergestellten Waren ist in Nigeria weit verbreitet, vor allem bei Medikamenten, Getränken, Erdölprodukten und in der Lebensmittelindustrie. In Nigeria hat die Nationale Behörde für die Verwaltung und Kontrolle von Lebensmitteln (NAFDAC) im Laufe der Jahre an vorderster Front gegen die Fälschung und Verfälschung von Arzneimitteln und Lebensmitteln in Nigeria vorgegangen.

Trotz der enormen Anstrengungen der NAFDAC arbeiten bestimmte unpatriotische Personen unermüdlich daran, die Bemühungen dieser Behörde zu vereiteln; dies ist ein klarer Fall von Korruption, da diese unpatriotischen Bürger manchmal Beamte der National Agency for Food Drug Administration and Control (NAFDAC) bei der Ausübung ihrer legitimen Pflichten angreifen. Im Großen und Ganzen sollte die NAFDAC ihre Strategien im Kampf gegen Fälschungen und Verfälschungen von pharmazeutischen Produkten und Lebensmitteln in Nigeria neu gestalten. Die Einführung der Spitzentechnologie ist lobenswert.

PLAGIARISMUS

Plagiarismus ist ein akademischer Diebstahl. Es handelt sich dabei um die Nachahmung oder Vervielfältigung einer fremden Arbeit oder eines fremden Textes, ohne den Eigentümer der Arbeit oder des Textes anzuerkennen. Plagiate sind ein häufiges Phänomen im akademischen Umfeld. Viele Autoren machen sich des Plagiats schuldig, ohne dass der Autor offiziell anerkannt wird. Plagiarismus ist ein Akt der Korruption. Schließlich sollten die Regierung und die Pädagogen alles in ihrer Macht Stehende tun, um Plagiate auszurotten und zu verhindern, da sie nichts anderes als intellektuelle Sabotage sind.

DIEBSTAHL/DIEBSTAHL

Diebstahl wird austauschbar mit Diebstahl verwendet. Diebstahl ist die Handlung, die darin besteht, Waren oder Dienstleistungen eines anderen ohne die Erlaubnis des rechtmäßigen Eigentümers an sich zu nehmen, zu bewegen oder in Besitz zu nehmen. Diebstahl kann auch eine Handlung des Stehlens bedeuten.

UNZULÄSSIGE POLITISCHE BEITRÄGE

Dabei handelt es sich um Zahlungen, die geleistet werden, um gegenwärtige oder künftige Aktivitäten einer Partei oder ihrer Mitglieder unangemessen zu beeinflussen, sobald diese an der Macht sind. Das Handbuch und der Schulungsleitfaden des nigerianischen Freiwilligenkorps zur Korruptionsbekämpfung (NAVC) besagen, dass unzulässige politische Spenden dann vorliegen, wenn "eine Entscheidung, die getroffen wird, weil der Spender die Partei unterstützt und ihre Wahlchancen erhöhen möchte, nicht korrupt ist; sie kann ein wichtiger Teil der politischen Tätigkeit sein, die durch die Verfassung geschützt ist. Eine Spende, die mit der Absicht oder der Erwartung gemacht wird, dass die Partei, sobald sie im Amt ist, die Interessen des Spenders gegenüber den Interessen der Öffentlichkeit bevorzugt, ist gleichbedeutend mit der Zahlung von Bestechungsgeld. Vor den Parlamentswahlen 2015 organisierte die PDP ein Fundraising-Dinner, um Gelder für die Kampagne von Präsident Goodluck Jonathan unter der Leitung von Professor Jerry Gana zu sammeln, wobei über 36 Milliarden Naira für seine Kampagne freigegeben wurden. Eine kritische Analyse dieser Situation wird zeigen, dass das Motiv hinter diesen Spenden entweder darin besteht, sich einen Vertrag zu sichern, wenn Präsident Jonathan schließlich Präsident wird, oder um eine Ernennung zu erlangen oder ihre schmutzigen Geschäfte zu decken.

GELDWÄSCHE

Hierbei handelt es sich um den Prozess der Verschleierung der Herkunft von illegal erworbenem Geld. Es handelt sich auch um eine illegale Handlung, die darauf abzielt, die Quelle oder die Verwendung illegaler Gelder zu verbergen, indem Bargeld in nicht zurückverfolgbare Banktransaktionen umgewandelt wird" (Osinbajo & Ajayi 1991). Die meisten Inhaber öffentlicher Ämter, ihre Familienangehörigen und Mitarbeiter, die ins Ausland reisen, um sich dort medizinisch behandeln zu lassen, betreiben häufig Geldwäscherei. Nigeria hat durch Kapitalflucht und Geldwäsche im Ausland Milliarden von Naira verloren.

Zwischen 1999 und 2005 berichtete der Global Witness Report, dass einige britische Großbanken zwei ehemaligen nigerianischen Gouverneuren, DSP Alamieyeseigha aus dem Bundesstaat Bayelsa und Chief Joshua Chibi Dariye aus dem Bundesstaat Plateau, sowie dem verstorbenen General Sani Abacha die Geldwäsche von Milliarden Dollar im Vereinigten Königreich ermöglichten (in Osumah und Aghedo, 2013 zitiert in Momoh, 2015).

Nigeria hat in 33 Jahren schätzungsweise 400 Milliarden Dollar durch Korruption verloren (www.thisdaylive.com in Momoh, 2015). So lag Nigeria zwischen 2003 und 2012 auf Platz 10th mit einem kumulativen Betrag von 157,46 Mrd. USD an illegalen Kapitalabflüssen, die die Organisation auf die falsche Fakturierung von Handelsgeschäften zurückführte.

BUNKERN VON ROHÖL/ÖLDIEBSTAHL

Dabei handelt es sich um die illegale Entnahme von Erdölprodukten aus einer Ölanlage oder Ölleitung. 2013 wurde von Shell BP festgestellt, dass Nigeria jährlich 1,6 Billionen Dollar durch Öldiebstahl verliert. Dies ist ein Akt der Wirtschaftssabotage. Die Regierung muss sich der Herausforderung stellen, indem sie diesen Akt des Vandalismus unter Strafe stellt. Wenn der jährlich verlorene Betrag ordnungsgemäß verwendet wird, wird er einen großen Beitrag zur Lösung einiger der sozioökonomischen Probleme des Landes leisten.

ACHTES KAPITEL

ARENEN DER KORRUPTION IN NIGERIA

"Niemand lebt in Nigeria isoliert von der Korruption. Entweder ist man von der Korruption 'infiziert' oder man ist von ihr 'betroffen'.
"Aufgrund der Veränderungen in der nigerianischen Politik sind einige Personen nicht länger politische Aktivposten, sondern politische Passiva, die mehr Probleme als Lösungen schaffen.
-Aliyu Yahaya

Korruption findet überall in der Verwaltung statt, sie ist nicht auf einen bestimmten Regierungszweig beschränkt - sei es die Legislative, die Exekutive oder die Judikative oder auf der Ebene der Bundes-, Landes- und Kommunalverwaltung in Nigeria. Fagbadebo (2007) behauptet, dass Korruption in der Regierung keine einseitige Handlung sein kann. Daher manifestiert sich Korruption in allen Facetten der Regierungstätigkeit - bei Verträgen, bei der Zuweisung von Leistungen, bei der Erhebung öffentlicher Einnahmen und bei gerichtlichen Verlautbarungen. Beamte, die an der Erfüllung dieser Aufgaben beteiligt sind, nehmen auf der einen oder anderen Stufe am Missbrauch der Verfahren teil. Dike in Fagbadebo (2007) behauptet, dass Korruption eine Funktion der großen Ungleichheit bei der Verteilung des Reichtums, der Wahrnehmung, dass politische Ämter das primäre Mittel sind, um Zugang zu Reichtum zu erlangen, Konflikten zwischen sich verändernden Moralvorstellungen und der Schwäche sozialer und staatlicher Durchsetzungsmechanismen sowie dem Fehlen eines starken Gefühls der nationalen Gemeinschaft ist.

Die Korruption auf allen Ebenen wird jedoch oft dadurch verschlimmert, dass Menschen mit den falschen Motiven in die Politik gehen, vor allem, um Reichtum und Einfluss anzuhäufen. Dies ist eine falsche Vorstellung davon, worum es beim Regieren geht. In Nigeria ist Reichtum kein Weg zu politischem Einfluss, sondern ein politisches Amt ist ein Weg zu Reichtum. Die historische Beziehung zwischen politischer und wirtschaftlicher Macht in Nigeria hat dazu geführt, dass das politische Amt für diejenigen gedacht ist, die nach Reichtum streben, aber nicht für diejenigen, die es als Selbstzweck anstreben.

Im Gegensatz dazu sehen die meisten Nigerianer die Politik als einen Weg zur Anhäufung von Reichtum, kurz gesagt, als einen Weg zur primitiven Kapitalakkumulation. Dies hat das Ausmaß der politischen Korruption in Nigeria verschlimmert, da der politischen Klasse nicht das Interesse der Nation am Herzen liegt, sondern ihr persönliches Interesse. Dieser hässliche Trend setzt sich auf allen Regierungsebenen in Nigeria fort.

Transparency International (2007) stellt fest, dass ein sehr interessantes Ergebnis von 20 Workshops im November/Dezember 2003, bei denen Organisationen der Zivilgesellschaft, die Medien, der Privatsektor und andere relevante Interessengruppen an einer offenen Debatte über die Ergebnisse der drei Erhebungen teilnahmen, von der Independent Corruption Practices and Other related Offences Commission (ICPC) und der Zero corruption coalition organisiert wurde. Die Teilnehmer an den Workshops widersprachen der Feststellung, dass die Polizei der korrupteste öffentliche Dienst sei; sie wiesen vielmehr darauf hin, dass die Präsidentschaft, gefolgt von der Nationalversammlung, die korruptesten Institutionen seien. Vor diesem Hintergrund werden wir die Bereiche der politischen Korruption in Nigeria ermitteln.

LEGISLATUR

Es ist wichtig zu wissen, dass die Legislative in Nigeria als Nationalversammlung bezeichnet wird und aus zwei Kammern besteht: Dem Senat (Oberhaus) und dem Repräsentantenhaus (Unterhaus), während sie auf der Ebene der Bundesstaaten als House of Assembly mit einer Kammer bezeichnet wird. Darüber hinaus erfüllt die Nationalversammlung drei wichtige Funktionen: Gesetzgebung, Vertretung und Kontrolle. Die Nationalversammlung (Senat und Repräsentantenhaus) ist jedoch in Ausschüsse unterteilt, und jedes Mitglied eines Ausschusses gehört anderen Ausschüssen an, so dass jedes Mitglied einem Ausschuss vorstehen oder ihn vertreten muss.

Darüber hinaus sind die folgenden Personen die wichtigsten Amtsträger der Senatskammer (Oberhaus), nämlich: Senatspräsident, stellvertretender Senatspräsident, Senatsvorsitzender, oberster Einpeitscher des Senats, stellvertretender Senatsvorsitzender, stellvertretender Einpeitscher des Senats, Mehrheitsführer des Senats, Minderheitsführer des Senats, stellvertretender Minderheitsführer des Senats und stellvertretender Einpeitscher der Minderheit im Senat. Dem Repräsentantenhaus (Unterhaus) gehören an: Der Sprecher des Repräsentantenhauses, der stellvertretende Sprecher des Repräsentantenhauses, der Vorsitzende des Repräsentantenhauses, der stellvertretende Vorsitzende des Repräsentantenhauses, der Fraktionsvorsitzende, der stellvertretende Fraktionsvorsitzende, der stellvertretende Mehrheitsführer und der stellvertretende Minderheitsführer.

In Nigeria wird die Nationalversammlung als schwach wahrgenommen, so dass es angesichts der Dominanz des Präsidenten in einem präsidentiellen Regierungssystem, in dem der Präsident der nationale Führer seiner Partei auf zentraler Ebene und die Gouverneure der Bundesstaaten die Führer ihrer Partei sind, für die Exekutive (Präsident,

Gouverneure) zwingend notwendig wurde, die Legislative auf ihrer jeweiligen Regierungsebene zu beeinflussen. Auch die Ernennung des Obersten Richters auf Bundes- und Landesebene auf Empfehlung der Kommission für den Justizdienst übt viel Macht auf die Exekutive (Präsident und Gouverneure) aus.

Der schwache Charakter der Nationalversammlung veranlasste den Präsidenten, die Nationalversammlung zu manipulieren. So versuchte beispielsweise Präsident Olusegun Obasanjo, seine Amtszeit über die zwei Amtszeiten hinaus zu verlängern, die in Abschnitt 137 (b) der nigerianischen Verfassung von 1999 in der Fassung von 2011 verfassungsmäßig festgelegt sind: "Eine Person ist nicht für die Wahl zum Präsidenten qualifiziert, wenn sie bei zwei vorangegangenen Wahlen in ein solches Amt gewählt wurde". Abschnitt 9(4) der Verfassung von 1999 legt die Bedingungen fest, unter denen ein Abschnitt der Verfassung von 1999 geändert werden kann. Jede Änderung der Bestimmungen der Verfassung, mit Ausnahme von Abschnitt 8, der sich auf die Schaffung von Bundesstaaten bezieht, muss von einer Entschließung der Kammern der Versammlungen von mindestens zwei Dritteln aller Bundesstaaten unterstützt werden. Das heißt, es müssen vierundzwanzig der sechsunddreißig Staaten mit einfacher Mehrheit für eine solche Änderung stimmen.

In einer landesweiten Umfrage, die von der Guardian Newspaper veröffentlicht wurde, sprachen sich jedoch etwa 80 % der Befragten dafür aus, dass Präsident Obasanjo und die Gouverneure 2007 ihr Amt niederlegen sollten Oluwajuyitan (2005). Etwa 91 Prozent der Befragten stammten aus dem Bundesstaat Ogun, dem Heimatstaat von Präsident Obasanjo, der sich gegen jede Verfassungsänderung aussprach, die es Präsident Obasanjo und den Gouverneuren erlauben würde, über 2007 hinaus im Amt zu bleiben. Der Widerstand gegen die Verlängerung der Amtszeit von Präsident Obasanjo breitete sich schließlich auf das ganze Land aus. Die anhand der veröffentlichten Daten berechnete Standardabweichung betrug 7,0 Prozent. Die Opposition gegen die Verlängerung der Amtszeit hatte keinen ethnischen oder religiösen Unterton (Third Term Agenda hin oder her)

Es ist wichtig, darauf hinzuweisen, dass in all diesen Fällen einige Mitglieder der Versammlungskammern die dritte Amtszeit anstrebten, insbesondere der ehemalige stellvertretende Senatspräsident Alhaji Ibrahim Mantu, der den Vorsitz des Ausschusses für Verfassungsänderungen innehatte. Es wurde auch angenommen, dass Präsident Obasanjo im Jahr 2005 eilig die Nationale Politische Reformkonferenz einberief, in der Erwartung, dass die Konferenz als Grundlage für seine Unterstützung dienen und möglicherweise die Bestimmung von Abschnitt 137 (b) der Verfassung von 1999 ändern würde, um seine Amtszeit zu verlängern, aber er wurde sehr enttäuscht, als seine Forderungen von den Nigerianern abgelehnt wurden, die ein solches Angebot ablehnten (ibid).

Darüber hinaus wurde entdeckt, dass im Repräsentantenhaus 70 Millionen N gefunden wurden, die von der Präsidentschaft stammten, um die Mitglieder des Repräsentantenhauses zu bestechen und die dritte Amtszeit von Präsident Olusegun Obasanjo zu erleichtern. Die Kommission für Wirtschafts- und Finanzkriminalität (EFCC) unter der Leitung von Mallam Nuhu Ribadu untersuchte den Fall nicht. Dies warf kein gutes Licht auf den Anti-Korruptions-Kreuzzug der Obasanjo-Regierung (ebd.).

Der Politikwissenschaftler Lester Milbrath kommt zu dem Schluss, dass nur sehr wenig von dem, was wir Lobbyismus nennen, mit Korruption zu tun hat. "Die meisten Lobbyisten", schreibt er, "sind sich bewusst, dass ihr Beruf einige korrupte Personen anzieht, und bedauern diesen Makel an ihrem kollektiven Ruf". Milbrath weist darauf hin, dass die gesetzlichen Vorschriften für Lobbyarbeit dazu beitragen, dass diese Tätigkeit sauberer ist, als sie es früher war. Milbraths Studie wurde von Lapalombara (1974) dahingehend beobachtet, dass dieses Verhalten des Gesetzgebers als ein Akt der Korruption bezeichnet werden kann.

Außerdem geben sich die Mitglieder der Nationalversammlung in bestimmten Fällen oft der Korruption hin, vor allem, wenn sie während ihrer Kontrolltätigkeit keinen ordnungsgemäßen Bericht vorlegen, um den Stand der Umsetzung der Politik bei den vergebenen Projekten zu überprüfen, denn oft geben die Abgeordneten keinen Bericht über die ordnungsgemäße Bewertung der von den Auftragnehmern geleisteten Arbeit ab. Dies hat dazu geführt, dass im ganzen Land "verlassene Projekte" oder "große Elefantenprojekte" aufgegeben wurden.

In Nigeria ist es nicht mehr neu, dass Auftragnehmer, die das Startkapital kassiert haben, nicht auf die Baustelle gehen, um zu arbeiten, und bis zum Ende einer solchen Verwaltung nichts getan wird. Es stellt sich die Frage, was mit den Gesetzgebern und insbesondere mit dem für diesen Bereich zuständigen Ausschuss geschehen ist. Warum bewilligen die Gesetzgeber Mittel für ein Projekt und achten nicht darauf, ob diese Mittel sinnvoll verwendet werden? All dies ist auf die Nachlässigkeit einiger Abgeordneter bei der Erfüllung ihrer Pflichten zurückzuführen. In einigen Fällen, in denen die Gesetzgeber solche Überprüfungen vorgenommen haben, geben sie keine genauen Berichte über den Stand der Arbeiten ab, sondern machen den Bürgern falsche Hoffnungen, dass die

Auftragnehmer sehr hart an der Fertigstellung des Projekts arbeiten.

Die Gesetzgeber geben sich auch der Verschleppungstaktik hin (dabei handelt es sich um eine bewusste Handlung der Gesetzgeber, um die Verabschiedung eines Gesetzes taktisch zu verzögern). In Nigeria wurde die Verschleppungstaktik eingesetzt, um die Verabschiedung von Gesetzesentwürfen zu verzögern, die für die Abgeordneten nicht von Vorteil sind. So wurde beispielsweise der von Abike Dabiri initiierte Gesetzesentwurf zur Informationsfreiheit (Freedom of Information Bill, FIB) bis zum Ende der sechsten Legislaturperiode verschoben, um den Gesetzesentwurf zu prüfen und Eingaben zu ermöglichen. Obwohl ein großer Teil Nigerias wusste, dass der Gesetzesentwurf verzögert wurde, weil er die Inhaber öffentlicher Ämter gegenüber dem Volk jederzeit rechenschaftspflichtig machen würde. Filibuster werden in der Nationalversammlung eingesetzt, um "zu prüfen" oder "öffentliche Eingaben" zu ermöglichen, aber dringende Angelegenheiten werden in den meisten Fällen aus egoistischen Gründen verzögert.

Außerdem behauptete der ehemalige Bildungsminister Mallam Nasir El Rufai im Jahr 2003, dass einige Mitglieder des Senats unter der Führung des damaligen stellvertretenden Senatspräsidenten Alhaji Ibrahim Mantu 50 Millionen Naira als Bedingung für die Bestätigung des Ministerpostens, für den er nominiert war, gefordert hätten (Punxh, 2005) (Fashagba, 2009:444). In ähnlicher Weise gab es 2005 den Skandal um "Geld für einen aufgeblähten Haushalt", der zum Rücktritt von Senator Adolphus Wabara als Senatspräsident und zur Entlassung des damaligen Bildungsministers, Professor Fabian Osuji, führte. Grund dafür war die Forderung nach Bestechungsgeldern, um die Mitglieder des Bildungsausschusses der Nationalversammlung davon zu überzeugen, das Bewilligungsgesetz von 2005 zugunsten des Bildungsministeriums aufzublähen, was Professor Fabian Osuji als "Wohlfahrtspaket für die Mitglieder des legislativen Ausschusses für Bildung" bezeichnete (Fashagba, 2009:444).

Folglich stellt Olusegun (2011) fest, dass "die Bundesregierung im Rahmen des so genannten 'kooperativen Föderalismus' als Bürge für ALGON (eine gesetzlich nicht anerkannte Einrichtung) im Namen der 774 Lokalregierungen in einem Vertrag mit einem einzigen Unternehmen aufgetreten ist". Vier Monate später wurden die Sprecherin des Repräsentantenhauses, Patricia Olubumi Etteh, und ihr Stellvertreter Babangida Nguroje beschuldigt, die Ausgabe von 628 Millionen N für die Renovierung ihrer Dienstwohnungen und den Kauf von 12 Dienstwagen genehmigt zu haben. Dies führte zu einer Krise, da ihre Ankläger darauf bestanden, dass sie angeklagt werden müssten.

Acht Wochen nach Bekanntwerden der Vorwürfe in den Medien traten Etteh und ihr Stellvertreter am 30. Oktober 2007 von ihrem Amt zurück, obwohl sie weiterhin Mitglieder des Repräsentantenhauses sind.

Auch der Vorsitzende des Ausschusses des Repräsentantenhauses, der den Vorwurf des Etteh-Betrugs untersuchte, David Idoko, kam zu dem Ergebnis, dass die Ausschreibung nicht veröffentlicht wurde, kein Leistungsverzeichnis und keine Zeichnungen erstellt wurden, dass im Haushalt 2007 keine spezifischen Haushaltsmittel für die Renovierung und Einrichtung der Amtsräume des Sprechers und seines Stellvertreters vorgesehen waren und dass das Verfahren für die Auftragsvergabe durch das Gremium der Hauptamtlichen am 12. Juli 2007 "schwerwiegende Versäumnisse und Missachtungen festgelegter Verfahren aufweist" Diese Behauptung wurde später unter den Teppich gekehrt.

In der Folge wurde der vorsätzliche Versuch, den ehemaligen EFCC-Vorsitzenden Mallam Nuhu Ribadu für seine erfolgreiche Korruptionsbekämpfung während seiner Amtszeit zu schikanieren und zu bestrafen, von bestimmten Teilen der nigerianischen Gesellschaft und der amerikanischen Regierung verurteilt, die mit Maßnahmen drohte, die sie für angemessen hielt.

Olusegun (2007) stellte weiter fest: *"Auf einer Pressekonferenz in Lagos im September 2009 beschuldigte der ehemalige Gouverneur des Bundesstaates Delta Mallam Nuhu Ribadu, den ehemaligen Chef des EFCC, als Werkzeug des ehemaligen Präsidenten Olusegun Obasanjo zu fungieren, weil Chief James Ibori sich geweigert hatte, die gescheiterte dritte Amtszeit zu unterstützen, und weil er sich dafür eingesetzt hatte, dass die Bundesregierung den ölproduzierenden Staaten 13 Prozent des Derivationsfonds auszahlt, was seiner Meinung nach auf das Jahr 1999 zurückging. Dies zeigt, wie die Anti-Betrugs-Behörde (EFCC) von der Regierung von Präsident Obasanjo manipuliert wurde"* (Olusegun, 2007)

Die subtile Art des nigerianischen politischen Systems in Bezug auf Korruption ermöglichte es jedoch einigen multinationalen Unternehmen, sich dies zunutze zu machen. So *sollen beispielsweise Siemens und Wilbros einige nigerianische Beamte bestochen haben, um sich Telekommunikations- und Öldienstleistungsverträge in Nigeria zu sichern. Beamte von Halliburton haben zugegeben, während der Regierung von Präsident Olusegun Obasanjo rund 180 Millionen Dollar als Bestechungsgelder an hochrangige Beamte in Nigeria gezahlt zu haben, um sich saftige Ölverträge zu sichern. Ebenso gab es "angeblich illegale Gouverneure, nämlich Obong Victor Attah aus dem*

Staat Akwa Ibom, Chief James Ibori aus dem Staat Delta und Senator Bola Tinubu aus dem Staat Lagos" (Olusegun, 2007).

Andere Fälle von Korruption in der Nationalversammlung in der Vergangenheit umfassen den Senat, den verstorbenen Evans Enwerem und seinen Landsmann, den verstorbenen Chuba Okadigbo, beide frühere Senatspräsidenten, die in einen Möbelbetrug verwickelt waren, ebenso wie Adolphus Wabara, der wegen seiner angeblichen Verwicklung in den Geld-für-Budget-Skandal aus dem Verkehr gezogen wurde (www.vanguardngr.com).

In der Nationalversammlung ist jedoch zu beobachten, dass sich die Senatoren, wenn sie nicht gerade um einen Vertrag kämpfen, mit ihren Kollegen im Repräsentantenhaus über die Mitgliedschaft in Ausschüssen und über banale Fragen streiten. So wurde der frühere Sprecher des Repräsentantenhauses, Alhaji Salisu Buhari, des Meineids beschuldigt und behauptet, er habe ein Abschlusszeugnis der Universität von Toronto in Kanada erhalten, woraufhin er wegen Fälschung seines Alters und seiner Bildungsabschlüsse aus dem Amt gejagt wurde.

Darüber hinaus forderte eine Gruppe von Abgeordneten des Repräsentantenhauses, die sich "The Integrity Group" nennt und der u.a. Honourable Dino Maliye und Honourable Farouk Lawan angehören, dass die Führung des Repräsentantenhauses Rechenschaft über die Ausgaben in Höhe von 9 Mrd. N zwischen 2008 und 2009 ablegen sollte. Sie beschuldigten den Sprecher, Honourable Oladimeji Bankole, ein "ärgerliches und rücksichtsloses" Ausgabenprofil genehmigt zu haben, das schließlich zur Verhaftung von Honourable Bankole durch den EFCC bei seinem Ausscheiden aus dem Amt am 29. Mai 2011 führte (www.vangardngr.com).

Sahara Reporters berichtete außerdem, dass der ehemalige Parlamentspräsident Dimeji Bankole, sein Vater und ein Bruder ebenfalls in den Betrug verwickelt waren. Zwei Quellen des EFCC enthüllten, dass der ehemalige Sprecher und seine Verwandten über 900 Millionen N aus den abgezweigten Mitteln für die ländliche Elektrifizierung erhalten haben, aber nie vom EFCC angeklagt wurden. Der programmierte Zusammenbruch der nigerianischen Korruptionsbekämpfung beunruhigt sowohl die Nigerianer als auch das Ausland, das Jonathans Versprechen, den Kampf gegen die Korruption zu verstärken, geglaubt hatte. *"Die Bilanz dieser Regierung bei der Korruptionsbekämpfung ist die schlechteste in der jüngeren Geschichte Nigerias", sagte ein Aktivist der Zivilgesellschaft in Abuja.* http://nigershowbiz.com/failed-prosecution-of-ndudi-elumelu-how-president-goodluck-jonathan-sabotages-corruption-cases/ Auch der von Ndudi Elumelu ins Leben gerufene Ausschuss zur Untersuchung der Stromversorgung bleibt ein Skandal, der nicht jedes Mal schnell vergessen werden kann, wenn es zu einem Stromausfall kommt. Der Abschluss der Ermittlungen gegen Elumelu wegen seiner angeblichen Verwicklung in einen Bestechungsbetrug ist noch immer sehr unklar. Heute läuft der ehrenwerte Elumelu als freier Mann durch die Straßen (Olusegun, 2007).

Gerade als die Nigerianer versuchten, diese Erfahrungen hinter sich zu lassen, wurde Honourable Herman Hembe, Vorsitzender des Adhoc-Ausschusses für den Kapitalmarkt, des Bestechungsskandals und der Security Exchange Commission (SEC), Frau Arunma Oteh, beschuldigt. *"Die Generaldirektorin der Börsenaufsichtsbehörde (SEC) beschuldigte den Ausschussvorsitzenden, sie um eine Zuwendung gebeten zu haben, damit er seine Untersuchung der Aktivitäten und Vorgänge auf dem Kapitalmarkt beeinflussen konnte. Aufgrund dieser Anschuldigung erklärte sich Hembe bereit, zurückzutreten und sich persönlich der Economic and Financial Crimes Commission (EFCC) zu stellen, um eine ordnungsgemäße Untersuchung der Anschuldigungen zu ermöglichen. Während das Feuer weiter wütet, beschuldigte das Repräsentantenhaus Berichten zufolge den EFCC der Voreingenommenheit im Zusammenhang mit der Anklageerhebung gegen den Vorsitzenden des Parlamentsausschusses für den Kapitalmarkt. Die Verärgerung der Führung des Repräsentantenhauses beruhte auf der Tatsache, dass Otteh ihre Verbindung als satzungsgemäßes Mitglied des EFCC genutzt haben muss, um Hembe in Verlegenheit zu bringen"* (Olusegun, 2007).

Doch während sich dieser Staub noch nicht gelegt hat, wurde der Vorsitzende des Adhoc-Ausschusses für Erdöl und Subventionen, Honourable Farouk Lawan, erneut beschuldigt, vom Vorsitzenden von Zenon Oil and Gas, Femi Otedola, Bestechungsgelder in Höhe von 620.000 Dollar gefordert und angenommen zu haben. Der Farouk-Ausschuss, der kurz nach seinem Amtsantritt seine Arbeit aufnahm, durchforstete die Ölmärkte stundenlang und schloss seine Arbeit am 24. April 2012 ab, indem er dem gesamten Repräsentantenhaus einen 20-seitigen Bericht zur Prüfung vorlegte. Nach einer zweitägigen Debatte wurden einige Änderungen vorgenommen, und der Bericht wurde am 9. Juni 2012 angenommen. Dann platzte die Seifenblase, als der Ölmagnat Femi Otedola behauptete, Farouk Lawan habe von ihm Bestechungsgelder verlangt, um den Namen seines Unternehmens von der Liste der im Bericht des Gremiums genannten Unternehmen zu entfernen. Der Geschäftsmann behauptete, Farouk Lawan habe 620.000 Dollar erhalten, die einen Teil der von Farouk und seinen Ausschussmitgliedern geforderten 3 Millionen Dollar ausmachten. Als Reaktion auf diese

Anschuldigung sagte Farouk zunächst, dass Otedola gelogen habe, gab aber später zu, dass er die Summe von 500 Millionen Dollar nur als Vorwand genommen habe, um Femi Otedolas zweifelhafte Geschäfte aufzudecken (www.vanguardngr.com).

Ein weiterer kritischer Bereich der politischen Korruption in der Nationalversammlung und in den Staatsversammlungen ist der Bereich der Wahlkreisprojekte und der Aufwandsentschädigungen, über die nicht Buch geführt wird. Millionen von Naira wurden für Projekte in den Wahlkreisen und verschiedene Ausgaben bereitgestellt, aber über diese Mittel wird am Ende des Vorjahres und am Ende des Legislaturjahres nicht Rechenschaft abgelegt. Es liegt jedoch in der Verantwortung der Medien, die Wahlkreise dieser Parlamente zu besuchen, um festzustellen, ob diese Wahlkreiszuschüsse sinnvoll verwendet werden, damit sie objektiv über die Projekte berichten können, die von den Mitgliedern der Nationalversammlung in Angriff genommen wurden.

Darüber hinaus sollten die Wähler ihre Abgeordneten zur Rechenschaft ziehen, die es versäumen, Projekte in ihrem Wahlkreis in Angriff zu nehmen, und sie möglicherweise abberufen oder bei der nächsten Wahl nicht mehr wählen. Dies wird den Abgeordneten helfen, auf dem Boden der Tatsachen zu bleiben und ihre Pflichten und Verantwortlichkeiten effektiv zu erfüllen.

Abschließend sei gesagt, dass die Gesetzgeber wissen sollten, dass ihr Amt ein öffentliches Vertrauen und kein Mittel zur Anhäufung von Reichtum ist, und dass sie Gesetze erlassen sollten, die die Korruption eindämmen, anstatt sich an Handlungen zu beteiligen, die die Korruption in Nigeria fördern.

EXEKUTIV

Auf dieser Ebene lassen sich Beamte, die die Aktivitäten der Regierung auf der Umsetzungsebene steuern, oft auf bestimmte korrupte Praktiken ein. Dies lässt sich nach Lapalombara (1974) auf folgende Faktoren zurückführen: "Strukturelle Bedingungen, administrative Fachkenntnisse, Zugang zu privilegierten Informationen, klientelistische Beziehungen zu Interessengruppen, Antipathie und Verachtung der Verwaltungsbeamten gegenüber Politikern, die Fähigkeit der Verwaltungsbeamten gegenüber Politikern, die Fähigkeit der Verwaltungsbeamten, politische Alternativen zu strukturieren, und der Ermessensspielraum, der ihnen bei der Umsetzung der Politik eingeräumt wird. Er fügte hinzu, dies alles führe zu der Gewissheit, dass diejenigen, die innerhalb oder außerhalb der Regierung Korruption als Instrument der Politik einsetzen würden, sich in erster Linie an die Bürokratie wenden.

Die Economic and Financial Crime Commission (EFCC) hat zehn ehemalige Gouverneure wegen angeblicher Korruption während ihrer Amtszeit vor Gericht gestellt, darunter Lucky Igbinedion, Chimaroke Nnamani, Orji Uzor Kalu, Saminu Turaki und Joshua Dariye, während andere auf der Prozessliste der EFCC stehen: Abubakar Audu, Danjuma Goje, Akwe Doma und Jolly Nyame. Der ehemalige Gouverneur des Bundesstaates Bornu, Ali Modu Sherif, wurde nach Angaben des Leiters für Medien und Öffentlichkeitsarbeit, Wilson Uwujaaren, am Montag, den 25.th Mai 2015, in Abuja vor den EFCC geladen, wie die Online-Nachrichten von Vanguard unter dem Titel **Korruption: EFCC ermittelt gegen 10 ehemalige Gouverneure.** Das Verfahren gegen Ayodele Fayose aus dem Bundesstaat Ekiti wurde nach seiner Wahl zum Gouverneur des Staates Etiki gemäß der Immunitätsklausel in der geänderten Verfassung der Bundesrepublik Nigeria von 1999 vorübergehend ausgesetzt (Online Vanguard, 25. Mai 2015). Dies berichtete Vanguard Online News unter dem Titel: **Corruption: EFCC Closes in on 10 Former** States, dass die EFCC die Summe von N65 Milliarden von Verdächtigen wiedererlangt hat. In gleicher Weise wurden zwischen 2012 und 2014 245 Dollar von korrupten Personen und Organisationen eingezogen.

Außerdem wurde den Beamten in Nigeria im Laufe der Jahre vorgeworfen, sich zu weigern, die Politik der Regierung umzusetzen. Man würde sich fragen, warum Beamte sich absichtlich weigern, die Politik der Regierung umzusetzen, die oft das effektive Funktionieren der Exekutive der Regierung behindert. Dieser Akt der Verzögerung des Funktionierens des Regierungsapparats, insbesondere des öffentlichen Dienstes, ist ein Abbild ihrer Gruppen im Lande. Oft verzögern Beamte die Umsetzung der Regierungspolitik, wenn die gewählte oder ernannte politische Exekutive nicht direkt oder indirekt mit ihr verbunden ist oder einen Nutzen oder strukturellen Vorteil davon hat.

Von Bürokraten wird jedoch erwartet, dass sie im Idealfall politisch neutral sind, aber wir sehen oft, dass einige von ihnen Verbindungen zu einigen Politikern haben, die ihre Kunden sind. In Nigeria versuchen die meisten Politiker, bevor oder wenn sie ein Amt oder eine Position übernehmen, so viel wie möglich zu tun, um bestimmte Personen im öffentlichen Dienst und in den militärischen und paramilitärischen Einrichtungen zu befähigen, die zu ihren Verbündeten oder Klienten werden, die ihre Verbündeten oder Klienten fördern, die ihre primitive Anhäufung von Staatsressourcen fördern werden. Es ist wichtig festzustellen, dass diese Bürokraten oft loyal gegenüber ihrem Chef und ihren Partnern sind, was das Regime nicht dazu veranlasst, eine Politik umzusetzen, die für diese Personengruppe von Vorteil ist, um erfolgreich zu sein.

Eine designierte Ministerin aus dem Bundesstaat Ondo, die den entlassenen Minister für Bau- und Wohnungswesen ersetzen sollte, Frau Mobolaji Osomo, wurde 2005 wegen ihrer angeblichen Beteiligung an illegalen Geschäften bei der Privatisierung staatseigener Wohngebäude in ganz Nigeria entlassen (Fashagba, 2009:446).

Im Haushaltsjahr 2010 haben einige Ministerien und Agenturen einen Teil der ihnen zugewiesenen Haushaltsmittel zurückgegeben, weil sie nicht in der Lage waren, die Projekte umzusetzen, für die die Mittel bereitgestellt worden waren. Man würde sich fragen, warum die Bürokraten die für diese Projekte bereitgestellten Mittel nicht ausgegeben haben, wahrscheinlich aufgrund einiger fadenscheiniger Ausreden und ihrer Nachlässigkeit bei der Arbeit. Es ist wichtig zu betonen, dass alles, was das wirksame Funktionieren der bürokratischen Institutionen behindert hat, beseitigt werden muss, um die bürokratischen Prozesse zu beschleunigen und die Fähigkeit zu verbessern, die jährlichen Mittelzuweisungen zum richtigen Zeitpunkt auszuführen, so dass die Beamten keine Ausrede haben, den Haushalt nicht auszuführen.

Außerdem sollte die Regierung dringend ihre Reformbemühungen verstärken, um sicherzustellen, dass Schlupflöcher im öffentlichen Dienst geschlossen werden und der öffentliche Dienst unpolitisch wird. Darüber hinaus sollte die Beschäftigung auf der Grundlage von Verdienst und Fachwissen und nicht auf der Grundlage eines Klientelverhältnisses erfolgen. Auch das Prinzip des föderalen Charakters sollte gestärkt werden, um alle Teile der nigerianischen Gesellschaft in den öffentlichen Dienst zu integrieren. Schließlich ist die Entpolitisierung des öffentlichen Dienstes ein entscheidender Aspekt, den die Regierung angehen muss, da dies dazu beitragen wird, das Klientel- und Meisterschaftsverhältnis bei der Beförderung und Einstellung/Auswahl in den öffentlichen Dienst zu verringern.

WÄHLEN

Lapabombara (1974) stellt fest, dass politische Korruption häufig in Ländern auftritt, in denen die Wahlen von einer Gruppe von Gaunern oder Heiligen bestimmt werden können, die die Macht ausüben, und dass korrupte Muster in einem solchen politischen System wahrscheinlich sind. Es wurde beobachtet, dass es vor den Wahlen "politische Maschinen" gibt, die als Makler mit Stimmen handeln, die sie liefern werden, aber selten ohne dafür einen Preis zu verlangen. Politische Maschinen versprechen den Politikern oft, die Stimmen der Wähler aus ihrem Bezirk, Wahlkreis oder Bundesland im Austausch gegen die Kontrolle von Arbeitsplätzen in einigen Regierungsbehörden oder die

Ernennung von Einzelpersonen, die im Gegenzug einen bestimmten Prozentsatz ihres Gehalts erhalten, an sie zu liefern.

In dem Bericht der Europäischen Union über die Parlamentswahlen 2011 heißt es: "... *Mobiltelefone, Prepaid-Karten und Gadgets wurden während der Kundgebungen verteilt. Lokale Gemeinden erhielten Berichten zufolge von den Kandidaten Wagenladungen mit Gütern wie Öl und Reis, Wasserpumpen und Geschenke im Allgemeinen. Es kann also festgestellt werden, dass Wahlwerbung in Nigeria sehr teuer sein kann. Das Wahlgesetz 2010 in seiner geänderten Fassung enthält detaillierte Bestimmungen für Wahlkampfkosten, die einer politischen Partei in der Zeit zwischen dem Tag der Wahlankündigung und dem Wahltag entstehen. Die INEC war jedoch nicht in der Lage, die gesetzlichen Bestimmungen durchzusetzen"* (EU-Bericht, 2011:28).

Auch im EU-Bericht 2015 heißt es: "...*Die Vorwahlen, die zwischen einigen Hundert und 8.000 Delegierten umfassen und über 24 Stunden dauern können, können als eine Art Wahl ohne Sicherheitsvorkehrungen bezeichnet werden. Verschiedene Probleme mit Vorwahlen wurden von   EU-Experten berichtet und beobachtet   . So wurden z. B. Änderungen in den angekündigten "Zonen" (nach der Zahlung der Nominierungsgebühren), willkürliche Zurückweisungen während des "Screenings", korrumpierte Wahlprozesse und Abstimmungsverfahren ohne Transparenz und Sicherheit festgestellt. Berichten zufolge fanden auch parallele Vorwahlen statt, und die Parteien haben die Ergebnisse ihrer eigenen Vorwahlen nicht immer respektiert (siehe Abschnitt XIII: Wahlstreitigkeiten)."* (EU-Bericht, 2015:19) Dies zeigt das Ausmaß der Korruption, die während der Parlamentswahlen 2011 und 2015 in Nigeria stattgefunden hat, da die Bestimmungen zur Wahlkampffinanzierung nur für die Kandidaten, nicht aber für die Parteien gelten, was bedeutet, dass diese Beschränkungen nur von begrenztem Wert sind. Trotzdem wurden die Parlamentswahlen 2011 und 2015 als glaubwürdig eingestuft. Die Parlamentswahlen 2015 in Nigeria gelten als die teuersten Wahlen, die jemals in der Welt durchgeführt wurden, weil die Politiker so viel Geld   für   den Wahlkampf ausgegeben haben.

Im Laufe des Wahlkampfes wurde auch nicht verschwiegen, dass Gotteshäuser zu Wahlkampfzentren von Politikern wurden, da es Behauptungen und Gegenbehauptungen gab, die beiden dominierenden religiösen Führer seien bestochen worden. Außerdem wurden traditionelle Führer bestochen, um Gewalt anzuzetteln. Besonders erwähnenswert ist eine Anschuldigung gegen den Oba von Lagos, Oba Akiolu, der beschuldigt wurde, Nigerianern mit Igbo-Abstammung, die nicht für den APC-Gouverneurskandidaten

Ambode Akinwunmi stimmen, eine Todesdrohung auszusprechen, in der es hieß: "Wenn du nicht Ambode wählst, ist das dein Ende".

POLITISCHE PARTEIEN

Einer der Bereiche der politischen Korruption in Nigeria ist die Art und Weise, wie politische Parteien gegründet und betrieben werden. Eine Dimension davon ist die Art und Weise, wie politische Anwärter gewählt werden, was in den meisten Fällen durch Konsens und nicht durch Wahlen geschieht. Es wurde auch beobachtet, dass die politischen Parteien nicht ihr Wahlprogramm verfolgen, sondern das, was die Partei zu diesem Zeitpunkt für richtig hält. Leider wählen die politischen Parteien in Nigeria bei ihren Vorwahlen, die man als "Auswahl" bezeichnen kann, nur die Meistbietenden aus, bei denen es sich in den meisten Fällen um Männer/Frauen mit fragwürdigem Charakter oder um solche handelt, die in der Politik versagt haben. So wurden beispielsweise bei allen zwischen 1999 und 2015 durchgeführten Wahlen die Parteidelegierten während der Vorwahlen bestochen, da unqualifizierte Bewerber, die mit Geld um sich werfen können, immer gewählt wurden, während glaubwürdige Bewerber, die nicht mit Geld um sich werfen können, gewählt wurden. Überraschenderweise ist es in Nigeria üblich, dass politische Parteien Kandidaten als Konsenskandidaten aufstellen, denen es an politischer Glaubwürdigkeit mangelt oder die in der Politik versagt haben. Eine kritische Auseinandersetzung mit der Frage, wie der so genannte "Konsenskandidat" zustande kommt, zeigt nichts anderes als die korrupte Rücksichtslosigkeit der politischen Klasse.

Das Motiv für die Gründung einer politischen Partei sollte jedoch bekannt sein, und wenn diese politischen Parteien nicht bekannt sind oder bestimmte Anforderungen nicht erfüllen, sollten sie von der Unabhängigen Nationalen Wahlkommission (INEC) abgemeldet werden. Die Nigerianer müssen aufhören, politische Parteien zu haben, die aus einem Mann, seiner Frau und seinen Kindern bestehen, oder politische Parteien, die niemals eine Wahl gewinnen werden, nicht einmal auf Bezirksebene, nur um sich vor der Wahl mit der Regierungspartei zusammenzuschließen.

Das Ausmaß der Korruption, das die politischen Parteien in Nigeria erfasst hat, ist besorgniserregend. Außerdem ist die Art und Weise, wie einige dieser politischen Parteien während des Wahlkampfs rücksichtslos Geld ausgeben, Beweis genug dafür, dass sie im Falle eines Wahlsiegs den Wählern gegenüber nicht rechenschaftspflichtig sind, sondern das Geld, das sie während des Wahlkampfs und bei Kundgebungen ausgegeben haben, zurückgewinnen wollen. Die Unabhängige Nationale Wahlkommission (INEC) muss dafür sorgen, dass die Finanzierungsquellen dieser politischen Parteien bekannt sind und sie ein bestimmtes Ausgabenlimit haben, um diese Rücksichtslosigkeit im Wahlkampf zu unterbinden.

Schließlich ist die Zahl der politischen Parteien in Nigeria zu groß, weshalb es in der nigerianischen Demokratie keine lebensfähigen Oppositionsparteien gibt und wir eine Situation erleben, in der ein Mann, seine Frau und seine Kinder wegen des Geldes, das sie von der Unabhängigen Nationalen Wahlkommission (INEC) erhalten, eine politische Partei gründen. Mein ehrlicher Rat ist, dass Nigeria zu einem Zwei- oder Mehrparteiensystem mit nicht mehr als drei politischen Parteien zurückkehren sollte.

KAPITEL NEUN

AUSWIRKUNGEN DER KORRUPTION IN NIGERIA

"Ich weiß etwas über etwas und alles über alles"
- Der verstorbene Häuptling Obafemi Awolowo
"Ich werde das tun, was ich kann, das Beste, was ich kann, und das werde ich bis zum
Ende tun. Wenn ich am Ende gut dastehe, wird alles, was man gegen mich sagt, nichts
ausmachen. Aber wenn das Ende mich ins Unrecht setzt, dann würden selbst zehn
Engel, die schwören, dass ich im Recht bin, keinen Unterschied machen.
- Abraham Lincoln

Die Korruption ist einer der Krebswürmer, die sich tief in das Gefüge der nigerianischen Gesellschaft eingefressen haben, so dass viel getan werden muss, um ihre negativen Auswirkungen auf den Entwicklungsprozess in Nigeria abzumildern. Korruption ist weltweit eine Bedrohung für die menschliche Existenz geblieben, auch wenn sie nicht überall gleich stark verbreitet ist, was zeigt, dass es Gründe oder etwas für ihre Verbreitung in einer Gesellschaft mehr gibt als in einer anderen.

Die folgenden Auswirkungen der Korruption sollen jedoch analysiert werden, um festzustellen, wie sie sich auf die nigerianische Wirtschaft ausgewirkt hat.

a. Auswirkungen der Korruption auf Politik, Verwaltung und Institutionen:
Korruption untergräbt die Demokratie und die verantwortungsvolle Staatsführung, indem sie deren Prozesse abschneidet. So wurde beispielsweise das vergangene Interregnum in Nigeria mit der Korruption der Putschisten begründet. Korruption bei Wahlen und in den Regierungsapparaten verringert das Maß an Transparenz und Rechenschaftspflicht bei der Politikgestaltung und -umsetzung in Nigeria. In Nigeria wird die Justiz oft als die letzte Hoffnung des einfachen Mannes bezeichnet, aber "in der letzten Zeit gab es Fälle von Korruption unter ihren Mitgliedern, die wiederum die Rechtsstaatlichkeit beeinträchtigen. Die Exekutive bildet in dieser Hinsicht keine Ausnahme, da die politischen Führungskräfte häufig routinemäßig der Korruption beschuldigt werden. Auch die Legislative bildet keine Ausnahme von korrupten Praktiken, die die effektive Erfüllung ihrer verfassungsmäßig festgelegten Funktion beeinträchtigt haben.

Die nigerianische öffentliche Verwaltung hat in letzter Zeit unter Korruption gelitten, trotz verschiedener Reformen zur Verbesserung der Effektivität bei der Erbringung von Dienstleistungen gibt es immer noch Fälle von Korruption in bestimmten Bereichen, die vom Versagen bei der Umsetzung der Politik über die Existenz von "Geisterarbeitern" bis hin zu unteralterten Arbeitnehmern, überhöhten Rechnungen, Prozenten, Bestechung und anderem reichen.

Darüber hinaus untergräbt Korruption die institutionelle Kapazität der Regierung, da

103

Verfahren missachtet werden, Ressourcen abgezweigt und öffentliche Ämter gekauft und verkauft werden. So untergräbt Korruption die Legitimität einer Regierung und demokratische Werte wie Vertrauen und Toleranz (Aiyede, 2000).

Korruption und schlechte Regierungsführung waren die beiden Hauptgründe, die von den Militärs häufig angeführt wurden, um ihr Eingreifen in die nigerianische Politik zu begründen (Adekanye, 1993; Ikoku, 1985; Ojiako, 1980; Luckham, 1971 zitiert in Fagbadebo, 2007). Die nachfolgenden Militärregime konnten jedoch die Flut der Korruption nicht eindämmen und eine gute Regierungsführung nicht durchsetzen. Vielmehr durchlief das nigerianische Gemeinwesen durch den massiven Einsatz von Gewalt Phasen zunehmender Korruption und politischer Instabilität. 29 Jahre lang erstickte der prätorianische Charakter des nigerianischen politischen Systems das gesamte demokratische Zeitalter im Keim. Die neuen politischen Akteure, die die Militärherrschaft erlebt hatten, verinnerlichten auch eine autokratische politische Kultur, die ein wahres Umfeld für korrupte Praktiken bot. Dazu gehören die Mentalität der Gewalt, die Intoleranz gegenüber Opposition und ein ungezügelter Appetit auf Reichtum durch die Aneignung staatlicher Ressourcen für private Zwecke. Der Appetit der Führer auf die Seele des nigerianischen Staates wurde durch die staatliche Kontrolle der Ressourcen noch verstärkt (Joseph et al., 1996 in Fagbadebo, 2007). Es wurde festgestellt, dass "Korruption weitaus gefährlicher ist als Drogenhandel oder andere Verbrechen, denn wenn sie ungestraft bleibt, verliert die Öffentlichkeit das Vertrauen in das Rechtssystem und in diejenigen, die das Gesetz durchsetzen" (Adeseyoju, 2006 zitiert in Fagbadebo, 2007).

Obwohl die verschiedenen demokratischen Systeme in der Vergangenheit in Nigeria aufgrund von Korruption gescheitert sind, sind diejenigen, die die zivilen Verwaltungen der Korruption beschuldigen, leider selbst auf die eine oder andere Weise korrupt. Die Auswirkungen der Korruption auf die Regierungsführung sind schädlich und können jede demokratische Ordnung und damit auch die Zusammenarbeit einer Nation beenden. Die Inhaber öffentlicher Ämter müssen diese als öffentliches Vertrauen und nicht als Mittel zur primitiven Kapitalakkumulation betrachten, wie wir es heute erleben, wenn die Inhaber öffentlicher Ämter trotz der Existenz von EFCC und ICPC unverhohlen öffentliche Gelder plündern, als ob die Möglichkeit, ihnen zu dienen, eine Gelegenheit wäre, ihren Teil des "nationalen Kuchens" zu nehmen. Darüber hinaus muss sich die Wahrnehmung der Nigerianer, die öffentliche Ämter bekleiden, in der Tat dahingehend ändern, was der ehemalige Präsident der Vereinigten Staaten von Amerika, J.F. Kennedy, einmal sagte: "Frage nicht, was dein Land für dich tun kann, frage, was du für dein Land tun kannst".

Es ist an der Zeit, dass die Nigerianer auf allen Ebenen daran denken, was sie für das Land tun können und nicht, was sie von Nigeria bekommen können. Der Geist des Patriotismus muss geweckt werden, da dies das Vertrauen und die Beiträge der Nigerianer zur nationalen Entwicklung erheblich steigern wird; denn um die nationale Entwicklung voranzutreiben, sind gemeinsame Anstrengungen aller Nigerianer erforderlich.

b. Auswirkungen der Korruption auf die wirtschaftliche Entwicklung:

Aina (2007) stellt zu Recht fest, dass die Korruption "die wirtschaftlichen Anreize verzerrt und die Verwirklichung einer nachhaltigen Entwicklung behindert, aber die Schuld liegt nicht nur bei den nigerianischen Staatsführern. Andere Personen, die die Gunst der öffentlichen Entscheidungsträger suchen und bereit sind, Bestechungsgelder zu zahlen, um unlautere Vorteile zu erlangen oder sich zu bereichern, sind die Ermöglicher". Er fügte hinzu, dass sich die Korruption im öffentlichen Sektor auf Vetternwirtschaft, illegale Abgaben und die illegale Aneignung öffentlicher Mittel beschränken würde, wenn die Anbieter nicht bereit wären, Bestechungsgelder zu zahlen.

Fagbadebo (2007) behauptet, dass der nigerianische Staat ein Opfer der Korruption auf hohem Niveau ist, die die Entwicklung des Landes verzögert und zu einem ständigen Kreislauf von Krisen führt, die aus der Unzufriedenheit der Bevölkerung mit der Regierung entstehen. Die Korruption wurde vor allem während der Regime von Babangida und Abacha (1985-1998) legitimiert, die enorme Einnahmen, aber verschwenderische Ausgaben und keine materielle Entwicklung zu verzeichnen hatten.

Die Kultur der Korruption wurde jedoch durch das, was die Nigerianer als Siedlungssyndrom kennen, Teil der politischen Kultur des Landes. Alle positiven Werte für die Entwicklung wurden über Bord geworfen. Staatliche Stellen, die für die sozioökonomische Entwicklung verantwortlich waren, wurden dezimiert. So hat beispielsweise der ehemalige Militärchef, der verstorbene General Sani Abacha, "in fünf Jahren Diktatur und frenetischer Plünderung den Staatsapparat lahmgelegt und die Bürger verarmen lassen" (Tell, 2006). Er soll 1,13 Milliarden US-Dollar und 413 Millionen britische Pfund Sterling gestohlen haben, abgesehen von 386,2 Millionen US-Dollar, die durch fiktive und überhöhte Verträge ergaunert wurden (ebd.). Dies, so betont Ake, sollte einem Staat normalerweise nicht passieren, "denn wenn dies geschieht, hört der Staat tatsächlich auf, als Staat zu existieren, und beeinträchtigt seine Fähigkeit, Entwicklung zu betreiben" (Ake, 1995 in Fagbadebo, 2007).

Korruption führt oft zu Ineffizienz und Manipulation des wirtschaftlichen Wandels des nigerianischen Staates. Im privaten Sektor hat sie durch den Preis illegaler Zahlungen, die Kosten für Verhandlungen mit korrupten Beamten und die Gefahr des Vertrauensbruchs zu einem Anstieg des Startkapitals geführt.

Obwohl einige argumentiert haben, dass Korruption dazu beiträgt, den bürokratischen Rotstift anzusetzen, da Beamte durch Bestechung dazu veranlasst werden, neue Aufgaben und Verzögerungen zu vermeiden, indem sie kostspielige und langwierige Vorschriften offen abschaffen, ist es besser, als wenn sie heimlich durch Bestechung umgangen werden können.

Korruption verhindert, dass Aktivitäten, die mit dem Wettbewerb in Verbindung stehen, abgeschirmt werden, und führt so zu Ineffizienz bei der Erbringung von Dienstleistungen. Im öffentlichen Sektor macht es die Korruption jedoch zwingend erforderlich, dass öffentliche Investitionen in Kapitalprojekte umgeleitet werden, bei denen der Prozentsatz der Bestechungsgelder und die Rückvergütungen höher sind, da Beamte oft die technische Komplexität öffentlicher Projekte erhöhen, um den Weg für Geschäfte oder Aktivitäten zu ebnen, die Investitionen ablenken.

Korruption mindert auch die Einhaltung von Bau- und Umweltvorschriften sowie den Rückgang der Qualität der von der Regierung erbrachten Dienstleistungen und der Infrastrukturen, was zu einer Erhöhung der Haushaltsmittel in Bereichen führt, in denen normalerweise keine Notwendigkeit für die Zuweisung bestehen sollte. Es wurde festgestellt, dass in Nigeria mehr als 400 Milliarden Dollar aus den öffentlichen Kassen von früheren nigerianischen Führern gestohlen wurden (1960 - 1999).

c. Auswirkungen der Korruption auf die Umwelt: Korruption fördert die Umweltzerstörung; Nigeria verfügt über ein Gesetz zur Regulierung und zum Schutz der Umwelt, das von der National Environmental Safety Regulatory Agency (NESRA) erlassen wurde. Infolgedessen wurden verschiedene Gesetze zur Regulierung und zum Schutz der Umwelt vor jeglicher Form der Umweltzerstörung, insbesondere das Gesetz zum Verbot von Gasflüchtlingen, nicht durchgesetzt, da die mit der Durchsetzung dieser Gesetze betrauten Personen häufig bestochen werden.

Darüber hinaus macht es die gleichgültige und unpatriotische Haltung einiger nigerianischer Politiker möglich, dass ausländische Firmen und Einzelpersonen Nigeria im Laufe der Jahre als Abladeplatz für Abfälle oder ziemlich verbrauchte Materialien betrachten, die für unsere Gesellschaft gefährlich sind.

Abschließend ist es angebracht, an dieser Stelle festzustellen, dass es höchste Zeit ist, dass die nigerianische Führung ihrer Verantwortung für die Durchsetzung der Umweltgesetze gerecht wird, um die nigerianische Umwelt vor Zerstörung zu schützen.

d. **Auswirkungen der Korruption auf die sozialen Rechte: Schutz der sozialen Rechte der Arbeitnehmer:** Sie werden oft bestochen, damit sie sich nicht für die Interessen ihrer Mitglieder einsetzen. Die Anführer solcher sozialer Rechte werden bestochen, wodurch sie ihre Standpunkte oder ihren Eid der Sorgfalt gegenüber der sozialen Bewegung gefährden. Verstöße gegen die Sozialrechtsgesetze ermöglichen es korrupten Führern, sich einen unrechtmäßigen Vorteil in Form von Verhandlungsmacht über diese Sozialrechtsbewegung zu verschaffen.

Im Laufe der Jahre wurden in Nigeria Beamte der Sozialrechtsbewegung häufig von der Regierung bestochen, um bestimmte politische Maßnahmen gegen den Willen der Massen umzusetzen. Dies ist ein häufiges Phänomen auf allen Regierungsebenen. Die Regierung sollte lernen, mit den sozialen Bewegungen zu verhandeln, anstatt ihre Führer zu bestechen oder einzuschüchtern. Diese undemokratische Haltung des Regierens trägt weiter zur Förderung der Korruption in Nigeria bei.

e. **Auswirkungen der Korruption auf die humanitäre Hilfe:** Der Umfang der humanitären Hilfe für Entwicklungsländer, insbesondere für afrikanische Länder, hat zugenommen, ist aber sehr korruptionsanfällig, wobei die Nahrungsmittelhilfe und andere technische Hilfe am meisten gefährdet sind. Die Nahrungsmittelhilfe für die afrikanischen Länder, die am stärksten von Hunger betroffen sind, wird direkt und physisch von ihrem Bestimmungsort abgezweigt oder indirekt durch die Manipulation von Bewertungen, Zielgruppen, Registrierungen und Verteilungen zur Begünstigung bestimmter Gruppen oder Einzelpersonen (ibid). Dies war ein typischer Fall, als Lebensmittel und andere Hilfsgüter, die von der Nationalen Agentur für Katastrophenschutz und anderen Gebern für die Opfer von Überschwemmungen und Gewalt in einigen Bundesstaaten bereitgestellt wurden, von einigen Mitarbeitern der Nationalen Agentur für Katastrophenschutz (NEMA) in Zusammenarbeit mit führenden Politikern und Mitarbeitern der Nationalen Agentur für Katastrophenschutz (NEMA) umgeleitet wurden, um die Kosten und die Zahl der von Überschwemmungen oder Gewalt betroffenen Opfer zu übertreiben und so nationale Sympathien zu gewinnen.

Im Baugewerbe und bei den Unterkünften gibt es jedoch zahlreiche Möglichkeiten für Ablenkung und Profit durch minderwertige Arbeit, Schmiergelder bei Verträgen und Günstlingswirtschaft bei der Bereitstellung von wertvollem Unterkunftsmaterial.

f. **Auswirkungen von Korruption auf die Gesundheit und die öffentliche Sicherheit:**

Gesundheit ist Reichtum, lautet eine berühmte Maxime. Dies zeigt, dass eine gesunde Nation eine reiche Nation ist. Die Auswirkungen der Korruption auf den Gesundheitssektor eines Landes wie Nigeria sind für die Existenz einer Nation nachteilig. Lieferanten von medizinischer Ausrüstung für Krankenhäuser in Nigeria zahlen Bestechungsgelder, damit sie minderwertige medizinische Geräte liefern. Im Laufe der Jahre sind viele Nigerianer an der Einnahme gefälschter Medikamente gestorben, die von einigen unpatriotischen Nigerianern aus Geldgier importiert wurden, wie z. B. My Pikin Syrup, und haben so die Gesundheit der Nation gefährdet.

Darüber hinaus werden renommierte Chirurgen von Patienten, die auf der Liste der künftigen Chirurgen ganz oben stehen wollen, unter dem Tisch bezahlt. Es ist auch zu beobachten, dass das Honorar, das Ärzte in öffentlichen Gesundheitseinrichtungen für die Behandlung von Patienten erhalten, von dem Betrag abhängt, den sie anbieten können. Bestechungsgelder werden auch von Zulieferern in Nigeria an die Automobilindustrie gezahlt, um minderwertige Steckverbinder zu verkaufen, die z. B. in Sicherheitsausrüstungen wie Airbags verwendet werden. Bestechungsgelder werden von Zulieferern an Hersteller von Defibrillatoren gezahlt (um minderwertige Kondensatoren zu verkaufen), Beiträge wohlhabender Eltern an den "Sozial- und Kulturfonds" einer angesehenen Universität als Gegenleistung für die Aufnahme ihrer Kinder, Bestechungsgelder zur Erlangung von Diplomen, finanzielle und andere Vorteile, die Mitglieder des Vorstands eines Automobilherstellers Gewerkschaftern im Gegenzug für arbeitgeberfreundliche Positionen und Abstimmungen gewähren, usw. Beispiele gibt es viele.

Außerdem können diese verschiedenen Erscheinungsformen der Korruption letztlich eine Gefahr für die öffentliche Gesundheit darstellen; sie können bestimmte wesentliche Institutionen oder soziale Beziehungen in Verruf bringen (ebd.).

g. Auswirkungen der Korruption auf sportliche Aktivitäten: Korruption hat sich auf verschiedene Aspekte der sportlichen Aktivitäten in Nigeria ausgewirkt, angefangen bei Schiedsrichtern, Spielern, medizinischem und Laborpersonal, das an Anti-Doping-Kontrollen beteiligt ist, bis hin zu Mitgliedern der nationalen Sportkommission und ihren Ausschüssen, die über die Vergabe von Verträgen und Wettkampfstätten entscheiden (ebd.). Im Laufe der Jahre hatte der nigerianische Fußballverband (NFF) mit einer Reihe von Krisen zu kämpfen, die sich um die Korruption seiner Führung drehten und die Leistung der Spieler auf kontinentaler und internationaler Ebene beeinträchtigten. Die Korruption hat den nigerianischen Fußballverband so stark beeinflusst, dass Spieler oft

Trainer und Schiedsrichter bestechen, um in verschiedenen Wettbewerben aufzutreten oder Spiele zu gewinnen, wodurch gute Spieler oder gute Vereine in den Hintergrund gedrängt werden. Diese Korruption im nigerianischen Sport, insbesondere im Fußball, hat die Spieler unpatriotisch gegenüber ihrem Vaterland gemacht. In den meisten Fällen werden Gelder, die für die Gehälter, die Behandlung von Spielern im Falle von Verletzungen, Unterhaltszahlungen usw. bestimmt sind, von bestimmten Vorstandsmitgliedern abgezweigt, wodurch die Spieler ihrem Schicksal überlassen werden, was sich wiederum auf die Leistungen der Spieler in allen Wettbewerben auswirkt.

Die Regierung muss sich jedoch in Zusammenarbeit mit dem organisierten Privatsektor der Verantwortung stellen, um Nigeria wieder auf den Weg der Blütezeit der Nation zu bringen.

h. Auswirkungen der Korruption auf das Bildungswesen: Die Auswirkungen der Korruption auf den nigerianischen Bildungssektor sind enorm. Denn sie trägt dazu bei, dass das Bildungsniveau immer weiter sinkt. Außerdem wurde die Verleihung von Ehrendoktortiteln missbraucht. Dies ist eines der Probleme in der nigerianischen Gesellschaft, in der jeder eine falsche akademische Ehre an seinen Namen angehängt haben möchte, ohne sie verdient zu haben. Tatsächlich sind Ehrendoktorwürden kommerzialisiert worden, so dass sie vom Meistbietenden gekauft werden können. Ehrendoktorwürden werden an Personen verliehen, die sich in den Bereichen Bildung, Sport und Kunst oder im Dienst der Gemeinschaft und der Philanthropie ausgezeichnet haben. Doch heute können in Nigeria alle möglichen Personen, einschließlich Schulabbrecher, Diebe und Betrüger, leicht einen Ehrendoktortitel der Universität erlangen. Angesichts dieser Entwertung der Stipendien in Nigeria gehören die nigerianischen Universitäten nicht zu den besten 1000 Universitäten der Welt.

Auf allen Ebenen des nigerianischen Bildungssystems werden die Ergebnisse von den Meistbietenden gekauft. Kein Wunder, dass die nigerianischen Universitäten in letzter Zeit halbgare Absolventen hervorbringen (d. h. Absolventen, die nicht beschäftigungsfähig sind). Obwohl Lehrer und Eltern entweder direkt oder indirekt zu dieser Tat beigetragen haben, weil Eltern ihren Mündeln/Kindern oft Geld geben, um Prüfungsfragen zu erhalten und sogar die Lehrer zu bestechen. Manchmal sind es die Lehrer, die Bestechungsgelder in Form von Geld oder Naturalien (sexuelle Gefälligkeiten) verlangen, um einen Schüler durchfallen zu lassen.

Kurz gesagt, um das nigerianische Bildungssystem zu verjüngen oder wiederzubeleben, müssen alle Hände an Deck sein, da sowohl die Regierung als auch die Aktionäre im Bildungssektor eine wichtige Rolle bei der Wiederbelebung des zusammengebrochenen Bildungssystems spielen müssen. Sowohl die Regierung als auch der private Sektor sollten den Schwerpunkt auf Verdienste, Kompetenz und Professionalität legen und nicht auf "Zeugnisse" und Mittelmäßigkeit.

i. Auswirkungen der Korruption auf das globale Image Nigerias: In der Vergangenheit waren die Nigerianer weltweit geachtet, als das Ausmaß der Korruption noch minimal war. Im Laufe der Jahre hat sich das Ansehen der Nigerianer im Ausland durch die Aktivitäten korrupter Führer und einiger schlechter Nigerianer, die sich der Geldwäsche und dem Internetbetrug hingegeben haben, weiter verschlechtert, da die Aktivitäten dieser Gruppe von gebürtigen Nigerianern von der internationalen Gemeinschaft benutzt werden, um zu verallgemeinern, dass Nigerianer "schlecht" sind. Es ist falsch, aus den Aktivitäten einiger weniger Personen den Schluss zu ziehen, dass alle Nigerianer schlecht sind. Tatsächlich gibt es Millionen von Nigerianern sowohl im Inland als auch im Ausland, die "gut" sind und weltweit legitimen Aktivitäten nachgehen.

Die nigerianische Regierung sollte mehr Anstrengungen im Bereich der Bildung unternehmen, um der internationalen Gemeinschaft das richtige Bild von Nigeria zu vermitteln, und es sollten mehr Anstrengungen unternommen werden, um die Aktivitäten einiger unpatriotischer Nigerianer zu unterbinden, die in der Lage sind, das Ansehen Nigerias zu gefährden.

J. Auswirkungen der Korruption auf die Regierungsführung

Eine der Auswirkungen der Korruption auf die Regierungsführung in Nigeria ist, dass sie die Regierungsführung zu teuer gemacht hat. Wenn man die Ausgaben für die Durchführung von Wahlen betrachtet, belaufen sie sich auf Milliarden von Naira, die für die Entwicklung kritischer Sektoren der nigerianischen Wirtschaft, wie z.B. Energie, verwendet worden wären. Korruption wirkt sich direkt auf die Ausübung der Demokratie in Nigeria aus, da sie die nigerianische Politik weitgehend zu einem Spiel der Eliten mit den Massen als Zuschauern gemacht hat (Momoh 2015b). Das liegt daran, dass die enormen Investitionen, die von den Politikern während des Wahlkampfs in Nigeria getätigt werden, jeden, der bei klarem Verstand ist, dazu bringen, die Versprechen der Politiker während des Wahlkampfs nicht anzuzweifeln, die Staatskasse nicht zu plündern. Dies hat zur Folge, dass die Wähler, anstatt sich auf Parteiversprechen oder Wahlprogramme zu verlassen, ihre Stimme lieber dem Meistbietenden geben. Sie würden den Wahlkampf als eine - wenn auch nur vorübergehende - Gelegenheit

110

betrachten, ihren Anteil am "nationalen Kuchen" zu bekommen, da sie möglicherweise nicht in den Genuss der Dividende der Demokratie kommen, da die Politiker lieber alles, was sie während des Wahlkampfs ausgegeben haben, zurückgewinnen oder eintreiben würden, bevor sie an die Massen denken (Momoh, 2012).

KAPITEL TEN

HERAUSFORDERUNGEN DER KORRUPTIONSBEKÄMPFUNG IN NIGERIA

"Die immer raffinierteren Waffen, die sich in den Arsenalen der Reichsten und Mächtigsten stapeln, können die Analphabeten, die Kranken, die Armen und die Hungernden töten, aber sie können nicht die Unwissenheit, die Krankheit, die Armut oder den Hunger töten.
-Fidel Castro
"Wir können nicht mit den Armen leiden, wenn wir nicht bereit sind, die Personen und Systeme zu konfrontieren, die die Armut verursachen. Wir können die Gefangenen nicht befreien, wenn wir uns nicht mit denen auseinandersetzen wollen, die die Schlüssel haben. Wir können uns nicht zur Solidarität mit den Unterdrückten bekennen, wenn wir nicht bereit sind, den Unterdrücker zu konfrontieren. Mitgefühl ohne Konfrontation verblasst schnell zu fruchtlosem sentimentalem Mitleid.
- Henri J. M. Nouwen, Donalp P. McNeill, Douglas A. Morrison.
"Herausforderungen und Chancen kommen immer zusammen - unter bestimmten Bedingungen kann sich das eine in das andere verwandeln"
Hu Jintao ehemaliger chinesischer Präsident

Im Laufe der Jahre haben verschiedene Regierungen in Nigeria verschiedene Mechanismen und Institutionen eingerichtet, um das Ausmaß der Korruption im Land zu verringern. Dazu gehören u.a. der Krieg gegen Disziplinlosigkeit und Korruption, das Büro und das Gericht für den Verhaltenskodex, die im Jahr 2000 gegründete Unabhängige Kommission für korrupte Praktiken und andere damit zusammenhängende Straftaten (ICPC), die Kommission für Wirtschafts- und Finanzkriminalität (EFCC) im Jahr 2003, die Haushaltsüberwachungs- und Preisintelligenzeinheit (BMPIU), das Büro für ordnungsgemäße Verfahren im Jahr 2003 und die Finanzintelligenzeinheit Nigerias (FIU) im Jahr 2006.

Als das Büro für den Verhaltenskodex eingerichtet wurde, war es zwar befugt, die von den betroffenen Beamten vorgelegten Vermögenserklärungen anzunehmen, nicht aber, diese Erklärungen zu prüfen. Darüber hinaus schuf die Diskrepanz zwischen der Politik und der Durchsetzungspraxis mehr Raum für falsche Erklärungen, wie Jahre später festgestellt wurde. So behauptet Sam Saba (2001), dass im Jahr 2000 insgesamt 90 554 Formulare vom Büro für den Verhaltenskodex ausgegeben und 44 762 ausgefüllt in die Obhut des Büros für den Verhaltenskodex zurückgegeben wurden (Aina, 2007). Dies zeigt eindeutig, dass einige der vom Büro ausgestellten Formulare nicht zurückgegeben wurden, da das Büro nicht befugt ist, diese Formulare zurückzurufen.

Im selben Jahr (2000) wurden dem Büro insgesamt 1.363 Versäumnisse gemeldet. Von 2005 bis Mai 2007 beschuldigte das Büro für den Verhaltenskodex jedoch einige Gouverneure von Bundesstaaten, gegen das Gesetz über den Verhaltenskodex verstoßen zu haben, indem sie ausländische Bankkonten besaßen. Bedauerlicherweise ignorierte die damalige Regierung solche Fälle, die hätten untersucht werden müssen (Aina, 2007).

Trotz der Einrichtung dieser Institutionen scheint das Ausmaß der Korruption nicht zu sinken, sondern eher zuzunehmen, was zeigt, dass es bestimmte Faktoren gibt, die für die zunehmende Korruption in Nigeria verantwortlich sind. Die folgenden Faktoren haben die Korruption in Nigeria bisher gefördert und aufrechterhalten:

a. Schlechte Bestrafung von Korruption

Einer der Faktoren, die das Ausmaß der Korruption in Nigeria fördern und aufrechterhalten, ist die geringe Bestrafung von Korruption. Dies liegt daran, dass die Gesetze des Landes sie begünstigen. So wurde beispielsweise der ehemalige Generalinspektor der Polizei, Alhaji Tafa Balogun, angeklagt, Gelder der nigerianischen Polizei in Höhe von 13 Milliarden N veruntreut zu haben. Bedauerlicherweise wurde er für schuldig befunden und lediglich zu einer sechsmonatigen Gefängnisstrafe verurteilt (Onagoruwa, 2005 in Aina, 2007).

In China zum Beispiel wird auf Korruption in schweren Fällen eine lebenslange Haftstrafe verhängt. Kein Wunder, dass korrupte Täter in Nigeria lieber Milliarden von Naira veruntreuen oder stehlen, um nach Verbüßung ihrer Haftstrafe ein paar Monate, ein oder zwei Jahre lang ihre Beute zu genießen. Zur weiteren Untermauerung der geringen Bestrafung von Korruption in Nigeria wurde der ehemalige Gouverneur des Bundesstaates Delta, Chief James Ibori, der in Nigeria "nicht verhaftet" wurde, obwohl es offensichtlich war, dass er Geld wusch, in London zu 16 Jahren Gefängnis verurteilt. Dieser Fall ist eigentlich eine Verhöhnung der Regierung Yar'adua und des nigerianischen Justizsystems.

Die Korruption wird in Nigeria jedoch so lange fortbestehen, wie korrupte Schuldige nicht bestraft werden. Die verschiedenen Antikorruptionsgesetze müssen dahingehend geändert werden, dass auf Korruption größeren Ausmaßes die Todesstrafe verhängt wird, d.h. entweder der Tod durch den Strang oder eine lebenslange Haftstrafe. Dies wird sehr dazu beitragen, diejenigen abzuschrecken, die nichts Falsches daran finden, sich der Korruption hinzugeben.

b. Mangelnder politischer Wille

Unter politischem Willen wird in diesem Zusammenhang die Fähigkeit der Regierung verstanden, jeden Korruptionsakt eines Bürgers durchzusetzen und zu bestrafen, unabhängig davon, wie hoch die Stellung der Bürger oder ihr Status in der Gesellschaft ist. Von einer Regierung wird gesagt, dass sie einen politischen Willen hat, wenn sie in der Lage ist, jeden Akt der Korruption zu bestrafen, ohne sich um die Beteiligten zu kümmern. Mangelnder politischer Wille der vergangenen und gegenwärtigen Verwaltung in Nigeria ist auch einer der Faktoren, die die politische Korruption in Nigeria aufrechterhalten haben.

Der politische Wille zur Korruptionsbekämpfung durch die Exekutive der Regierung, korrupte Führer in Nigeria strafrechtlich zu verfolgen, ist einer der größten Rückschläge bei der Korruptionsbekämpfung in Nigeria. Dies hat dazu geführt, dass die Korruptionsbekämpfungsbehörden in einigen Fällen zu einer "selektiven Justiz" gegriffen haben, was sich darauf bezieht, dass einige Personen zum "Sündenbock" gemacht werden, während die Korruptionsbekämpfungsbehörden manchmal angewiesen werden, diejenigen zu verhaften, die der Präsident und seine Anhänger als Feinde betrachten und sie schikanieren oder terrorisieren wollen. Diejenigen, die enge Verbündete des Präsidenten sind, selbst wenn sie korrupt sind, werden von den Ermittlungen oder der Strafverfolgung durch die Anti-Betrugs-Behörden ausgenommen.

Außerdem fehlt in Nigeria der politische Wille, die Korruption zu bekämpfen, da die meisten Wahlen in Nigeria von korrupten Politikern finanziert werden, die "Kandidaten" unterstützen, die nicht wollen, dass die nächste Regierung sie für ihre Verfehlungen während ihrer Amtszeit in welcher Funktion auch immer belangt. In den meisten Fällen werden diese korrupten Politiker entweder zu Botschaftern, Ministern oder Vorstandsvorsitzenden von Unternehmen ernannt. Dieser Trend hat sich seit der Unabhängigkeit Nigerias im Jahr 1960 fortgesetzt, weshalb in Nigeria nur noch ältere Menschen an der Spitze stehen. Was man heute in der nigerianischen Politik beobachten kann, ist die Wiederverwendung von Korruptionseliten, was es für jede Regierung schwierig macht, die Korruption zu bekämpfen.

Der fehlende politische Wille der Exekutive, korrupte Politiker strafrechtlich zu verfolgen, ist jedoch auch ein großer Rückschlag für die Betrugsbekämpfungsbehörden. Dies hat dazu geführt, dass die Anti-Betrugs-Behörden zu einer "selektiven Justiz" gezwungen sind, oder dass die Kommissionen manchmal nur Personen verhaften können, die der Präsident und seine Kohorte schikanieren wollen. Der Grund dafür ist, dass die meisten Wahlen in Nigeria von korrupten Politikern finanziert werden, die "Kandidaten" unterstützen, die versprechen, ihre Missetaten nicht zu untersuchen, solange sie im Amt sind, egal in welcher Funktion, während einige dieser korrupten Politiker in anderen Funktionen eingesetzt werden. Dies hat auch dazu geführt, dass die Eliten im Laufe der Zeit immer wieder ausgetauscht werden. So sind beispielsweise die meisten Politiker in

Nigeria seit den 1960er und 1970er Jahren als gewählte oder ernannte Beamte in der Politik tätig und würden lieber sterben, als das System der jüngeren Generation zu überlassen. Kein Wunder, dass ein ehemaliger nigerianischer Präsident sagte, das Amt des nigerianischen Präsidenten sei nicht für die Jugend bestimmt.

Darüber hinaus ist das Verfahren zur Verfolgung von Korruptionsfällen ein weiteres Problem, mit dem die Korruptionsbekämpfungsbehörden konfrontiert sind. Aina (2007) merkt zu Recht an, dass § 52 (1) des ICPC-Gesetzes aus dem Jahr 2000 vorschreibt, dass die Kommission Korruptionsfälle, in die der Präsident verwickelt ist, an den Obersten Richter von Nigeria weiterleitet, der wiederum einen unabhängigen Anwalt beauftragt, die Angelegenheit zu untersuchen und seine Ergebnisse dann der Nationalversammlung mitzuteilen. Im Falle der Gouverneure der Bundesstaaten wendet sich der Anwalt schriftlich an das Parlament des jeweiligen Staates. Dieses Verfahren, das in Abschnitt 52 (1) des ICPC-Gesetzes 2000 festgelegt ist, trägt dazu bei, die strafrechtliche Verfolgung des Präsidenten, des Vizepräsidenten und der Gouverneure der Bundesstaaten in allen Korruptionsfällen zu verhindern.

Darüber hinaus gibt es in Nigeria viele rechtliche Hindernisse bei der Verfolgung von korrupten Tätern. Das liegt daran, dass bestimmte Aspekte der nigerianischen Gesetzgebung die Korruption fördern. So sind zum Beispiel Gesetze, die bestimmte Prozentsätze von Vertragssummen fordern und erhalten, ein klares Beispiel für "legale Korruption" oder gesetzlich erlaubte Korruption: 10 Prozent des von der Regierung an eine Person, die als Berater tätig ist, vergebenen Vertrags. Andere Beschränkungen sind die Anzahl der Jahre, für die korrupte Täter zu Gefängnisstrafen verurteilt werden können. Ein Beispiel dafür ist der Fall des ehemaligen Generalinspekteurs der Polizei, Alhaji Tafa Balogun, der beschuldigt wurde, Milliarden von Naira aus den Mitteln der nigerianischen Polizei veruntreut zu haben. Die Economic and Financial Crimes Commission (EFCC) erhob Anklage gegen ihn wegen verschiedener Vergehen wie Unterschlagung, Veruntreuung von Geldern usw. in Höhe von über 13 Milliarden Naira. Alhaji Tafa Balogun wurde für schuldig befunden und zu einer sechsmonatigen Haftstrafe verurteilt (Onagoruwa, 2005 und Aina, (2007). Chief Bode George und andere wurden wegen Veruntreuung von Geldern während ihrer Tätigkeit als Vorstandsvorsitzender der nigerianischen Hafenbehörde (NPA) zu zwei Jahren Gefängnis verurteilt. 2014 hob ein Berufungsgericht das ursprüngliche Urteil des Obersten Gerichts auf, das sie zu einer Haftstrafe verurteilt hatte.

Damit die "alten" Politiker von jeder Regierung in Nigeria profitieren können, fehlt es außerdem an politischer Kontinuität. Neue Politiken und Programme werden formuliert und die alten bleiben trotz Milliarden von Naira, die dafür bereitgestellt werden, bestehen. Das ist so, weil diese alten Politiker mit den neuen Projekten ein Vermögen machen und die alten Projekte vernachlässigen. Das ist der Grund, warum es überall im Land große Elefantenprojekte gibt.

Heutzutage besitzen jedoch sogar die Vorsitzenden der Kommunalverwaltungen ausländische Bankkonten. So berichtete elombah, dass Herr Nse Ntuen, der geschäftsführende Vorsitzende der Gemeinde Essien Udim im Bundesstaat Akwa Ibom, am Freitag, den 16. August 2012, am Flughafen Baltimore in Washington in den USA verhaftet wurde. Es stellte sich heraus, dass Herr Nse Ntuen wegen Geldwäsche verhaftet und am Flughafen von Sicherheitskräften für ein gründliches Verhör festgehalten wurde. Wie elombah berichtete, hatte Ntuen bei seiner Verhaftung behauptet, nur 5.000 Dollar bei sich zu haben, aber nach einer Durchsuchung durch die Sicherheitsbeamten des Flughafens wurde die stolze Summe von 82.000 Dollar in seinem Besitz entdeckt. Das gesamte Geld wurde jedoch beschlagnahmt und er wurde später wieder freigelassen. Auf die gleiche Weise wurde 2012 der Vorsitzende der Gemeinde Ekerete Ekpenyong der Gemeinde Uyo am Flughafen Houston-Texas verhaftet. Er behauptete, wie von elombah berichtet, der Bürgermeister von Uyo zu sein und wollte Geld an seine "Untertanen" in den USA verteilen (www.elombah.com).

In all diesen Fällen handelt es sich um Geldwäsche, zu deren Untersuchung das Büro für Verhaltenskodex nicht befugt ist, was einen großen Rückschlag für die Korruptionsbekämpfung in Nigeria darstellt.

Andere von der Economic and Financial Crimes Commission (EFCC) verfolgte Fälle betreffen jedoch Fred Ajudua, der einen Ausländer um rund 1,7 Millionen Dollar betrogen haben soll. Weitere von der EFCC untersuchte Fälle, in denen möglicherweise mehrjährige Haftstrafen verhängt werden müssen, betreffen die Verteidiger Emmanuel Nwode, Ikechukwu Anajemba, Edeh Okoli und Amaka Anajemba (Frau). Die Verteidiger wurden aufgrund der geschätzten Summe von 262 Millionen Dollar, um die es ging, als 419er der Weltklasse eingestuft (Onagoruwa, 2005 und Aina, 2007).

Die Politisierung der Korruptionsbekämpfung in Nigeria ist nach wie vor ein schwerer Rückschlag für den Kampf gegen die Korruption. Wenn gegen bestimmte Personen in Nigeria Korruptionsvorwürfe erhoben werden, empfinden die Nigerianer aus ihrer ethnischen Herkunft oder geopolitischen Zone dies in den meisten Fällen leider als "Angriff" auf ihre Unternehmensinteressen oder als "Angriff", der darauf abzielt, ihren

"Sohn" oder ihre "Tochter" des "Bodens" zu demütigen, indem sie mit dem Finger auf Personen zeigen, die nicht der Korruption beschuldigt oder für schuldig befunden wurden. Dies hat dazu geführt, dass sich die Betrugsbekämpfungsbehörden in den meisten Fällen in einem Dilemma befinden, wie sie gegen solche Personen vorgehen sollen. Darüber hinaus werden die Beamten der Anti-Betrugs-Behörden in einigen Fällen von Sympathisanten dieser korrupten Täter angegriffen, die die Anti-Betrugs-Behörden (EFCC und ICPC) als selektiv in der Rechtspflege wahrnehmen. Es ist wichtig, klar zu sagen, dass die Politisierung der Art und Weise, wie Korruptionsfälle behandelt werden, niemandem nützt, sondern die Korruption in Nigeria weiter verfestigt und institutionalisiert, da wir heute sehen können, dass Korruption käuflich ist und nur denjenigen zur Verfügung steht, die sie sich leisten können.

Schließlich sollte das nigerianische Rechtssystem reformiert werden, um eine harte Bestrafung korrupter Täter zu ermöglichen, insbesondere durch die Schaffung eines vom herkömmlichen Gericht unabhängigen Anti-Korruptionsgerichts, das alle Korruptionsfälle verhandelt, die ihm von den Anti-Betrugs-Behörden (EFCC und ICPC) vorgelegt werden. Dies wäre ein großer Fortschritt, da es die Verzögerungen bei der Rechtsprechung, die mit dem herkömmlichen Gerichtssystem in Nigeria verbunden sind, verringern und die gerichtlichen Anordnungen abmildern würde, die die Korruptionsbekämpfungsbehörden (EFCC und ICPC) daran hindern, einige als korrupt geltende Personen zu verhaften und strafrechtlich zu verfolgen.

c. Politisierung der Korruption

Die Politik der Ausgrenzung hat in Nigeria zu Korruption geführt. Das liegt daran, dass Religion und ethnische Faktoren zu einer Plattform für soziale und politische Mobilisierung geworden sind. Wenn beispielsweise Korruptionsvorwürfe gegen eine Person in Nigeria erhoben werden, die im Idealfall ihre Unschuld vor dem Gericht oder der Anti-Betrugs-Behörde beweisen sollte, sucht sie lieber nach einer ethnischen oder religiösen Plattform, um Sympathisanten zu finden, die dies ignorant als Möglichkeit sehen, die Person aus ihrer ethnischen oder religiösen Herkunft oder geopolitischen Zone zu schikanieren.

In den meisten Fällen interpretieren diese unwissenden Sympathisanten dies als "Angriff" auf die "Kooperationsinteressen" ihrer Ethnie oder Religion oder als "Angriff", der darauf abzielt, ihren "Sohn" oder ihre "Tochter" zu demütigen, indem sie mit dem Finger auf Personen zeigen, die nicht der Korruption beschuldigt oder für schuldig befunden wurden. Dies hat die Anti-Betrugs-Behörden ratlos gemacht, wie sie solche

117

Personen verfolgen sollen. Außerdem werden die Beamten der Betrugsbekämpfungsbehörde in einigen Fällen von einem Übeltäter angegriffen, der die Betrugsbekämpfungsbehörde als selektiv in der Rechtspflege betrachtet.

Es ist jedoch anzumerken, dass die Politisierung der Korruption die Korruption eher noch verschlimmern würde, als sie zu lindern. Die Nigerianer müssen in der Tat alle parochialen Interessen zurückstellen und sich ein nationales Kernventil zu eigen machen, das Nigeria als ein einziges Land betrachtet, das Transparenz und Rechenschaftspflicht gewährleistet.

d.   Legalisierung der Korruption

In Nigeria gibt es bestimmte Gesetze, die die Korruption fördern und aufrechterhalten. Diese Gesetze haben die Korruption legalisiert. So ist zum Beispiel das Gesetz, das es Regierungsberatern erlaubt, 10 Prozent des vergebenen Auftrags zu erhalten, eine legale Form der Korruption. In Nigeria stellen heute die meisten Inhaber öffentlicher Ämter oft ihre Familienmitglieder oder enge Mitarbeiter als Berater für die Regierung ein, die in den meisten Fällen die Beratungsgebühren für einen Auftrag kassieren, in der Regel für den Straßenbau, der in den meisten Fällen an verschiedene Auftragnehmer vergeben wird, die den Bürger oft lächerlich machen, indem sie einen Teil ihrer Ausrüstung auf die Baustelle bringen, nur um das Projekt wegen Geldmangels aufzugeben.

Die Immunität, die den Inhabern öffentlicher Ämter, in der Regel dem Präsidenten, dem Vizepräsidenten, den Gouverneuren usw., im nigerianischen Kontext gewährt wird, wurde jedoch missbraucht, da die Inhaber öffentlicher Ämter die Immunität in Straffreiheit umgewandelt haben, was sie dazu veranlasst hat, während ihrer Amtszeit rücksichtslos zu handeln und in den meisten Fällen diese Immunität über ihre Amtszeit hinaus zu verlängern. Es ist wichtig zu wissen, dass die schlimmste Form der Korruption darin besteht, etwas Illegales zu legalisieren. Die Regierung muss dafür sorgen, dass Gesetze, die korrupte Praktiken legalisieren, abgeschafft werden und korrupte Schlupflöcher im System geschlossen werden.

e.   Armut und Ungleichheit

Armut ist ein unerwünschtes Phänomen, mit dem niemand in Verbindung gebracht werden möchte. Sicherlich ist die Armut eine der Hauptursachen für die weit verbreitete Korruption unter den armen Nigerianern, aber nicht bei den Reichen, vielmehr ist die Gier eine der Ursachen für die Korruption bei den Reichen. Auf der Suche nach dem Überleben lassen sich arme Nigerianer oft auf korrupte Praktiken ein, um ihr sozioökonomisches

Wohlergehen zu verbessern, was jedoch keine Rechtfertigung ist, denn Korruption bleibt Korruption, egal welcher Faktor oder Grund dafür verantwortlich ist.

Die meisten Nigerianer sind nicht arm, weil sie es sich ausgesucht haben, arm zu sein, sondern die durch die Rücksichtslosigkeit der politischen Klasse geschaffene Situation hat sie arm gemacht, denn niemand, der bei klarem Verstand ist, wird es sich aussuchen, arm zu sein. Darüber hinaus haben die Politiker der Vergangenheit wenig oder gar nichts gegen diesen hässlichen Trend unternommen. Vielmehr nimmt das Ausmaß der Armut in Nigeria täglich zu, und in den Zeitungen ist zu lesen, wie Milliarden von Naira von Politikern und ihren Kohorten gestohlen werden.

Die endemische Armut in Nigeria hat jedoch die Kluft zwischen Arm und Reich vergrößert. Das Einkommensgefälle sowie die sozialen und politischen Ungleichheiten unter den Nigerianern nehmen zu. In Nigeria begünstigt die Sozialpolitik stets die wenigen Reichen, während die vielen Armen an den Rand gedrängt oder als Wasserschöpfer und Holzfäller in den Hintergrund gedrängt werden.

f. Arbeit/Beschäftigung wird gekauft und verkauft

Die alarmierende Arbeitslosenquote in Nigeria ist besorgniserregend. Dies hat zu Unterbeschäftigung geführt, d.h. zu einer Situation, in der eine Person, z.B. ein Hochschulabsolvent, eine Stelle als Fahrer annimmt. Auch die Arbeitgeber sind nicht gerade hilfreich, zumal Hochschulabsolventen in letzter Zeit zwischen 20.000 und 35.000 N als Grundgehalt pro Monat verdienen, wenn man die hohe Inflationsrate bedenkt, die die Lebenshaltungskosten in die Höhe getrieben hat.

Außerdem ist es nicht mehr neu, dass in staatlichen Einrichtungen wie dem Militär, dem Paramilitär und den Agenturen/Abteilungen, in denen Bewerber zwischen 150.000 und 500.000 N zahlen, um eine Anstellung zu erhalten, von Job-Betrügereien berichtet wird. Auch die meisten privaten und staatlichen Organisationen erpressen Geld von Bewerbern durch den Verkauf von Online-Bewerbungsformularen.

Die Bemühungen des Bundesrepräsentantenhauses, einige Ministerien und Behörden davon abzuhalten, von Bewerbern Geld für die Einstellung zu verlangen, sind ein richtiger Schritt in die richtige Richtung, sollten aber auf den privaten Sektor ausgeweitet werden. In Anbetracht der hohen Arbeitslosigkeit in Nigeria haben die meisten privaten Organisationen dies als Möglichkeit gesehen, Geld von den Bewerbern zu erpressen. Ein privates Unternehmen, das mehr Geld verdienen will, schaltet beispielsweise eine Anzeige für eine freie Stelle, die es nie gab, mit einem lukrativen Gehalt und bittet die Bewerber, 2.000 N für das Bewerbungsformular zu bezahlen, wenn sich vermutlich 1.000

Bewerber auf die betreffende Stelle bewerben. Am Ende wird die Organisation 2 Millionen N einnehmen, was ausreicht, um 40 ihrer Mitarbeiter zu bezahlen, die monatlich 50,00 N verdienen. Die Rekrutierungsübung der Einwanderungsbehörde im Jahr 2014 wird nicht so schnell in Vergessenheit geraten, als die Bundesregierung von über einer Million arbeitsloser Jugendlicher, die sich beworben hatten, jeweils 1.000 NGN einnahm, da es während der Übung zu einer Massenpanik kam, die Menschenleben forderte. Das Bundesinnenministerium hat zwar einen Ausschuss eingesetzt, der sich mit der Angelegenheit befassen soll, aber das Ergebnis des Berichts ist noch nicht bekannt.

Alle Hände müssen an Deck sein, um diese Ausbeutung zu stoppen. Die Nationalversammlung muss unbedingt Gesetze erlassen, die den Verkauf von Antragsformularen sowohl durch die Regierung als auch durch private Organisationen in der Bundesrepublik Nigeria verbieten.

g. Von der Meritokratie zur Mittelmäßigkeit

Verdienste werden in den meisten Organisationen in Nigeria allmählich abgebaut, außer in einigen wenigen Fällen, da die Einstellung und Beförderung von einer bestimmten Verbindungsebene abhängt. Wenn man zum Beispiel einen Job in der Regierung bekommen will, hängt es in den meisten Fällen davon ab, wie viele Senatoren, Minister, Gouverneure, Generäle oder Generaldirektoren man kennt. Vorbei sind die Zeiten, in denen der Grad der Beziehungen nicht von der Fähigkeit abhing, einen bestimmten Job zu bekommen, sondern auf der Grundlage strenger Tests und der eigenen Leistung. Die meisten armen Nigerianer, denen es an Beziehungen und Geld fehlt, um die Stelle zu bezahlen, bitten Gott um ein Wunder, da die eigenen Fähigkeiten nicht zählen. Die Kultur der Mittelmäßigkeit hat zu systemischem Versagen geführt, da es heute ein häufiges Phänomen ist, dass der Leiter einer Organisation, der nichts über eine Aufgabe weiß, seinen untergeordneten Mitarbeitern erlaubt, die Aufgabe zu erledigen und die Anerkennung zu erhalten. Die Regierung muss auf allen Ebenen dafür sorgen, dass die Einstellungs- und Beförderungsverfahren in allen Wirtschaftssektoren transparent sind, um das Vertrauen in das System zu gewährleisten.

h. Sinkendes Niveau der Bildung

Einige Wissenschaftler haben behauptet, dass das Bildungssystem in Nigeria zusammengebrochen ist, während andere einen Rückgang verzeichnen. Zu den Folgen des sinkenden Bildungsniveaus gehören weit verbreitete Prüfungsmissbräuche, Fälschung und Verfälschung von Zeugnissen, nicht beschäftigungsfähige Absolventen, anhaltende Streiks, schlechte Lehrplanentwicklung, schlechte Qualität der Lehrkräfte, schlechte Bibliothek, schlechte Laboreinrichtungen, schlechte Infrastrukturentwicklung und anderes. All diese Indikatoren haben das nigerianische Bildungssystem stark in Mitleidenschaft gezogen und dazu geführt, dass die meisten Nigerianer keinen Grund mehr sehen, zur Schule zu gehen, da sie mit ihrem Geld Zeugnisse kaufen können, ohne unbedingt die vier Wände der Schule zu betreten.

Das sinkende Bildungsniveau in Nigeria hat auch Auswirkungen auf andere Bereiche der nigerianischen Wirtschaft. Zum Beispiel die Qualität der Führungskräfte in Nigeria, vor allem in den nationalen und bundesstaatlichen Versammlungen, wo es Inhaber von Sekundarschulabschlüssen mit begrenztem Wissen über die meisten technischen nationalen Themen gibt. Man kann sich vorstellen, welchen Einfluss sie auf die Gesetzgebung haben werden.

i. Rücksichtslose politische Klasse

Das Ausmaß der Korruption in Nigeria wird immer schlimmer, weil die nigerianische politische Klasse rücksichtslos ist und die Korruption zu einem dauerhaften Phänomen macht, indem sie sie in Nigeria institutionalisiert. Die nigerianische politische Klasse profitiert oft von der Korruption, deshalb sorgt sie dafür, dass der Prozess aufrechterhalten wird, wenn nicht, warum ist die Bestrafung für Korruption nicht streng? Warum werden frühere korrupte Führer nicht strafrechtlich verfolgt?

Außerdem sorgt die nigerianische politische Klasse dafür, dass korrupte Praktiken in bestimmten Bereichen legalisiert werden, indem der Status quo beibehalten wird. So wäre zum Beispiel das Gesetz, das die Zahlung von 10 Prozent an Berater der Regierung für jeden vergebenen Auftrag erlaubt, abgeschafft worden. Zweitens ist die nigerianische politische Klasse schuld an der Unfähigkeit der Verfassung, die Inhaber öffentlicher Ämter für schlechte Regierungsführung haftbar zu machen oder strafrechtlich zu verfolgen.

Ein weiterer Grund, der die Korruption in Nigeria begünstigt hat, ist der Missbrauch der in der Verfassung vorgesehenen Immunitätsklausel. Die Inhaber politischer Ämter benehmen sich während ihrer Amtszeit daneben, ohne sich um die Folgen ihres Handelns zu kümmern. Sie widersetzen sich jeglichem Widerstand von Quoten oder Personen mit gegenteiligen politischen Ansichten und Überzeugungen; stattdessen verstricken sie sich in politischen Rachefeldzügen, um ihr Ziel zu erreichen. Eine weitere Dimension des rücksichtslosen Charakters der nigerianischen politischen Klasse ist, dass sie ihr persönliches Interesse über das nationale Interesse stellen, weshalb sich die meisten nigerianischen Führer vor den Augen von Millionen von Zuschauern über Zulagen und

Führungsqualitäten streiten, während sie kritische Themen, die die Nation voranbringen, ignorieren oder schweigen.

Und schließlich die Rücksichtslosigkeit der politischen Klasse, die alles um jeden Preis und mit allen Mitteln erhalten will und die Gewalt bei Wahlen in den meisten Teilen des Landes fördert. Sie betreiben auch Stimmenkauf und -verkauf während der Wahlen und mobilisieren politische Schläger, die bereit sind, jeden Gegner zu terrorisieren, Wahlurnen zu verpfeifen, minderjährige Wähler zu sponsern und politisches Gerrymandering zu fördern.

j. Unterfinanzierung der Antikorruptionsinstitutionen: Eine weitere Herausforderung für die Korruptionsbekämpfung in Nigeria besteht darin, dass sie als Teil der Exekutive der Regierung eingerichtet wurden, anstatt entweder dem Justizapparat der Regierung angegliedert zu sein oder als unabhängiges Organ zu arbeiten; es fehlt ihnen an administrativer, operativer und finanzieller Autonomie (Aina, 2007). In den meisten Fällen fehlt es diesen Anti-Betrugs-Agenturen an finanziellen Mitteln, was ihre Arbeit in den meisten Fällen behindert.

KAPITEL ELFEN

STRATEGIEN DER KORRUPTIONSBEKÄMPFUNG

"Wenn du in einer Situation der Ungerechtigkeit neuralgisch bist, hast du die Seite des Unterdrückers gewählt".
Erzbischof Desmund Tutu, Nobelpreisträger
"Diejenigen, die in revolutionäre Veränderungen verwickelt sind, verstehen selten deren letztendliche Bedeutung"
Boutros Boutro-Ghali, ehemaliger UN-Generalsekretär
"Wie groß unsere Ressourcen auch sein mögen, wenn sie nicht effizient genutzt werden, kommen sie nur einigen wenigen Privilegierten zugute und lassen die Mehrheit in Armut zurück. Ich glaube, wenn Nigeria die Korruption nicht bekämpft, wird die Korruption Nigeria töten." -Präsident Mohammadu Buhari
"Die lautstärksten Kritiker von Ungerechtigkeit und Unterdrückung haben sich in der Regel als die größten Kollaborateure bei der Aufrechterhaltung derselben erwiesen"-A.S. Maliki
"Jeder Frontalangriff auf die Unwissenheit ist zum Scheitern verurteilt, weil die Massen immer bereit sind, ihren wertvollsten Besitz zu verteidigen - ihre Unwissenheit Hendrik Willem van Loon, niederländisch-amerikanischer Journalist

Achebe (1984:1) stellt zu Recht fest: "Das Problem mit Nigeria ist schlicht und ergreifend ein Versagen der Führung. Mit dem nigerianischen Charakter ist nichts grundsätzlich falsch. Das nigerianische Problem ist der Unwille oder die Unfähigkeit der nigerianischen Führung, sich der Verantwortung und der Herausforderung des persönlichen Beispiels zu stellen, die das Markenzeichen wahrer Führung sind". Die Auswirkungen der Korruption auf jede Gesellschaft, insbesondere auf ein Land wie Nigeria, sind enorm, wie in den vorangegangenen Kapiteln dieses Buches erörtert wurde, und deshalb müssen dringend Schritte unternommen werden, um die Auswirkungen auf ein Minimum zu reduzieren und sie, wenn möglich, vollständig aus unserer Gesellschaft auszurotten. Es ist jedoch zu beachten, dass der Kampf gegen die Korruption in Nigeria die kollektiven Anstrengungen aller Nigerianer erfordert, da der Kampf gegen die Korruption nicht allein der Regierung überlassen werden sollte, sondern als ein Übel angesehen werden sollte, das eine kollektive Verurteilung erfordert.

Darüber hinaus ist der Kampf gegen die Korruption in Nigeria multidimensional und erfordert daher einen multidimensionalen Ansatz. Obwohl Wissenschaftler, politische Entscheidungsträger und zivilgesellschaftliche Gruppen gut formulierte Strategien zur Bekämpfung der Korruption in Nigeria auf nationaler und internationaler Ebene vorgeschlagen haben, liegt das Problem in der mangelnden Umsetzung aufgrund von institutionellem Versagen. Die nigerianischen Institutionen haben sich im Laufe der Jahre in ihr Gegenteil verkehrt, weil es ihnen nicht gelungen ist, politische Maßnahmen und

123

Programme umzusetzen, die sich auf das Leben der Bürger auswirken. Dies hat dazu geführt, dass die Bürger die Institutionen nicht respektieren.

Achebe (1984:43) stellt jedoch zu Recht fest, dass sich die Korruption in Nigeria im Laufe der Jahre entwickelt hat. Daher wird es einige Zeit dauern, sie zu korrigieren. Er fügte hinzu, dass der nigerianische Präsident, um einen Wandel in der Korruptionsbekämpfung einzuleiten, einen entscheidenden ersten Schritt unternehmen und als solcher erkennbar sein muss, indem er seine Verwaltung von allen Personen befreit, die auch nur den leisesten Hauch von Korruption und Skandalen auf sich gezogen haben. Wenn der nigerianische Präsident den Mut dazu aufbringt, wird er über Nacht zu einer solchen Statur und Autorität aufsteigen, dass er Nigerias Führer und nicht nur sein Präsident wird. Nur dann kann er die Korruption in Nigeria bekämpfen und besiegen.

Außerdem haben verschiedene Wissenschaftler und Autoren die folgenden Empfehlungen als Strategien oder Lösungen für das Problem der Korruption in Nigeria gegeben. Adeyemi (1991) formuliert es richtig: "Um das massive Problem der Korruption in Nigeria wirksam zu bekämpfen, ist eine vollständige Abkehr vom traditionellen Verfahren des Strafprozesses erforderlich. Ohne notwendigerweise die Tür zur ultimativen Inanspruchnahme des Strafverfahrens zu verschließen (aber das Strafverfahren sollte nur als letztes Mittel eingesetzt werden), sollte die Korruption hauptsächlich durch Ermittlungsverfahren bekämpft werden". Er fügte hinzu, dass eine nationale Korruptionsbekämpfungskommission eingerichtet werden sollte, die auf der Grundlage von Ermittlungen unter der Leitung eines einzigen Kommissars arbeitet, der aufgrund von Beschwerden von Bürgern oder aufgrund der Entdeckung von Diskrepanzen in den Erklärungen oder zwischen den Erklärungen und den bekannten Vermögenswerten mit der Angelegenheit befasst werden kann. In diesem Fall sollte ein Einzelkommissar befugt sein, die Angelegenheit zu untersuchen, um festzustellen, ob ein Anscheinsbeweis für Korruption vorliegt oder nicht". In jüngster Zeit, nach der Gründung des EFCC und des ICPC, sind beide Anti-Draft-Agenturen in der Lage, nicht nur Ermittlungen durchzuführen, sondern auch korrupte Täter strafrechtlich zu verfolgen, auch wenn ihre Aktivitäten oft durch verschiedene gerichtliche Anordnungen eingeschränkt werden, die sie daran hindern, Täter zu verhaften und strafrechtlich zu verfolgen.

Adeyemi (1991) schlägt vor, dass die wichtigsten Sanktionen für den Straftatbestand der Korruption die Einziehung/Verfall und die Rückerstattung sein sollten. Die Rückerstattung sollte in Fällen erfolgen, in denen die Korruption auch die Veruntreuung

124

von öffentlichen oder Unternehmensgeldern beinhaltet oder an diese grenzt, wie z.b. in Fällen der Inflationierung von Verträgen. Das Gleiche sollte gelten, wenn der korrupte Täter in einem privaten/persönlichen Arbeitsverhältnis steht, wie z. B. ein Fahrer, der sich mit einem Mechaniker zusammentut, um die Kosten für Reparaturen und Ersatzteile in die Höhe zu treiben, und anschließend den Überschuss mit dem Mechaniker teilt. Darüber hinaus könnten solche Personen je nach den Umständen mit Geld- oder sogar Freiheitsstrafen belegt werden, wenn Freiheits- und Geldstrafen an die Stelle von Beschlagnahme/Verfall und Rückgabe treten. Gegebenenfalls sollte das Opfer zusätzlich entschädigt werden, unabhängig davon, ob es sich um eine Person, ein Unternehmen oder eine öffentliche Einrichtung handelt.

Aus der obigen Empfehlung geht hervor, dass die Idee der Konfiszierung/Verfall und Rückgabe in den meisten Fällen in Nigeria als Maßnahme zur Bekämpfung der Korruption, insbesondere im öffentlichen Sektor, nicht anwendbar ist, wenn nicht, würde es Gelehrte und Denker als den Sturz der Bourgeoisie durch die Diktatur des Proletariats oder das, was V.I. Lenin die "revolutionäre Vorhut" nannte, bezeichnen. So schön diese Strategie auch ist, ihre Umsetzung wird aus folgenden Gründen schwierig:

(a) Der Wohlfahrtscharakter der meisten kapitalistischen Systeme, insbesondere in Nordamerika und Westeuropa.

(b) Die Spaltung unter den nigerianischen Proletariern, d.h. es gibt Studenten, Manager aus der Mittelschicht, kurzum das Lumpenproletariat wie die Bauern, die die "Elenden der Erde" sind. Die Unterscheidung zwischen den nigerianischen Proletariern macht es ihnen schwer, ihre Interessen zu harmonisieren.

(c) Indoktrination der nigerianischen Bürger: Eine der Auswirkungen der Globalisierung ist, dass sie kapitalistische Werte auf der ganzen Welt verbreitet. Die meisten Nigerianer wurden mit den kapitalistischen Ideen und Werten indoktriniert, vor allem die Beamten und Angestellten des öffentlichen Dienstes, die Polizei und sogar das Militär, so dass das nigerianische Militär mit dem westlichen Modell der zivil-militärischen Beziehungen indoktriniert wurde und seine verfassungsmäßig festgelegten Rollen akzeptiert hat. Der zivile und öffentliche Dienst sind keine Ausnahmen, da der nigerianische zivile und öffentliche Dienst mit den Ideen und Werten der Kapitalisten reformiert wurde.

(d) Die Globalisierung selbst ist eine der beherrschenden Kräfte, die den Zusammenbruch des sozialistischen Systems Anfang der 90er Jahre nach dem Zusammenbruch der Sowjetunion zwingend erforderlich machten. Es ist wichtig anzumerken, dass die Globalisierung den Kapitalismus und die Demokratie zu ihren wichtigsten Kräften oder Instrumenten macht, so dass klar wird, dass die Globalisierung dazu beiträgt, die Dominanz der kapitalistischen Werte weltweit zu fördern. Vor diesem Hintergrund ist das globale Wirtschaftssystem kapitalistisch ausgerichtet, und jede Nation, die in der globalen politischen Ökonomie effektiv funktionieren will, muss kapitalistisch ausgerichtet sein, um Zugang zum Weltmarkt und zu Krediten und Hilfen des Internationalen Währungsfonds, der Weltbankgruppen, der Welthandelsorganisation und anderer multilateraler Finanzinstitutionen zu erhalten.

Nigeria als Entwicklungsland treibt hauptsächlich Handel mit den kapitalistischen Ländern der Welt, und diese Länder gewähren Nigeria oft Hilfe und technische Unterstützung. Nigeria möchte diese Gelegenheit nicht verlieren und wird seine Wirtschaft umstrukturieren, um den Ideen und Werten der Kapitalisten zu entsprechen. Es ist jedoch richtig zu sagen, dass Nigeria in dieser globalisierten Ära seine Wirtschaft nicht unbedingt in ein sozialistisches System umwandeln oder umstrukturieren sollte, sondern dass Nigerias herrschende Eliten sein kapitalistisches System durch Reformen umstrukturieren sollten, die den Nigerianern Wohlfahrtsdienste bieten, kurz gesagt, die nigerianische Wirtschaft sollte wohlfahrtsorientiert oder ein Kapitalismus mit "menschlichem Antlitz" sein, anstatt für eine Revolution zu agitieren.

Odekunle (1991) stellt zu Recht fest: "Niemand behauptet, dass sozialistische Gesellschaften korruptionsfrei sind; es wird vielmehr argumentiert, dass solche Gesellschaften aufgrund der Art ihrer Organisation wesentlich weniger problematisch sind als die hier diskutierte Art von Anfälligkeit, nämlich der Kapitalismus." Hier ist festzuhalten, dass das nigerianische kapitalistische System reformiert werden kann, um die Korruption einzudämmen, denn kein Wirtschaftssystem ist frei von Korruption.

Andere von Odekunle (1991) vorgeschlagene kurzfristige Maßnahmen zur Eindämmung der Korruption in Nigeria umfassen: Kontrolle des Besitzes von Eigentum und Konsum, die durch illegale Mittel oder korrupte Handlungen erworben wurden, Berücksichtigung der Einschränkung von Privilegien und ihres Missbrauchs durch Beamte, Neudefinition von Disziplinlosigkeit/Korruption als "sozialschädliches, schädliches oder schädigendes Verhalten gegen öffentliche und/oder unternehmerische Interessen, ob materiell oder immateriell", Sanktionen für Disziplinlosigkeit/Korruption aus einem der oben genannten Bereiche und Umstrukturierung des Code of Conduct Bureau als Vollstreckungsbehörde in ein unabhängiges Vollstreckungs-/Ermittlungs-/Detektiv-/Strafverfolgungs-/Sanktions-/Erziehungsgremium, das völlig frei von der

Einmischung sowohl der politischen Machthaber als auch der Juristen ist, um die oben genannten kurzfristigen Maßnahmen zu sehen. Dies gilt auch für die Economic and Financial Crimes Commission (EFCC) und die Independent Corrupt Practices and other-related offences Commission (ICPC); aber wenn man diesen Behörden eine solche "Freiheit" einräumt, sollte man ihnen bei der Wahrnehmung ihrer Aufgaben eher das Wort "relative Autonomie" geben.

Waziri (1991) schlug vor: "Um Korruption und anderen Wirtschaftsverbrechen Einhalt zu gebieten, muss die Gesellschaft dringend eine Kultur entwickeln und das richtige Wertebewusstsein vermitteln. Diese Kultur muss unter den Menschen entwickelt werden, und dies geschieht durch Bildung. Er fügte hinzu, dass in Nigeria die Bildung massiv ausgebaut werden muss, bevor eine wirksame Kontrolle der Korruption erreicht werden kann. Eine korrupte Klasse kann eine ungebildete Person leicht täuschen. Es ist daher notwendig, Bildung zu verbreiten, denn je schneller sich Bildung verbreitet, desto schneller werden Bestechung und Korruption abnehmen. In Anbetracht der obigen Ausführungen sollte das Ziel der Bildung zum Zwecke der nationalen Entwicklung und der ethischen Orientierung daher eine obligatorische universelle Bildung sein, die weit über das normale Niveau hinausgeht, das die Bildung zur Kenntnis nehmen muss.

Die Regierung auf allen Ebenen sollte jedoch beachten, dass die Umgestaltung des Bildungssektors in Nigeria über die Verbesserung der Qualität des Lernens in den Schulen hinausgeht und Faktoren wie die Finanzierung und Ausstattung unserer Schulen mit modernen Einrichtungen, die Ausbildung von Personal und die Entwicklung von Lehrern auf allen Ebenen unseres Bildungssystems umfasst. Auch die von der Organisation der Vereinten Nationen für Bildung, Wissenschaft und Kultur (UNESCO) empfohlenen 26%, die Entwicklungsländer von ihrem Jahresbudget für den Bildungssektor bereitstellen sollen, sollten von der nigerianischen Regierung umgesetzt werden. Denn eine qualitativ hochwertige Bildung würde das politische Bewusstsein der Nigerianer schärfen und sie in die Lage versetzen, in Fragen, die das Land betreffen, Druck auf die Regierung auszuüben. Außerdem würde sie die Nigerianer in die Lage versetzen, die Politik und die Programme der Regierung zu bewerten und die politische, wirtschaftliche und soziale Landschaft Nigerias zu entwickeln.

George (1991) gibt unter anderem folgende Empfehlungen zur Eindämmung der Korruption in Nigeria:

(a)   Die Regierung sollte großzügigere Renten für Arbeitnehmer im Ruhestand bereitstellen.   Dies   sollte   durch   obligatorische   und   beitragsabhängige

Versicherungspolicen geschehen.

(b)   Der aufgeklärte Bürger ist sich nun der Notwendigkeit einer geringeren Bevölkerungszahl bewusst.

(c)   Die Gesellschaft sollte einen Weg finden, um wirksame Sanktionen gegen die Korrupten anzuwenden und gleichzeitig die ehrlichen Tugenden anzuerkennen.

(d)   Nur eine deutliche Verbesserung der Wirtschaftslage kann dazu beitragen, die Arbeitslosigkeit zu verringern.

(e) Das Land verdient eine viel bessere Führung als die, die wir bisher hatten".

(f)   Wir müssen unsere herablassende Haltung gegenüber Betrügern in der Gesellschaft ändern.

(g)   Die Praxis der Abschirmung von Straftätern muss beendet werden.

Der ehemalige Forschungsdirektor der Zentralbank von Nigeria, Awa, et al. (1991), gibt folgende Empfehlungen zur Verhinderung von Korruption in Nigeria

(a) Die gesamte Gesellschaft sollte eine Kampagne gegen moralische Dekadenz starten .

(b) Die Banken sollten eine hohe moralische Disziplin fördern, indem sie eine Unternehmenskultur entwickeln, die das Engagement und die Loyalität der Mitarbeiter stärkt.

(c) Moderne Sicherheitskontrollgeräte wie Betrugsverhütungs- und -aufdeckungsgeräte sollten bereitgestellt werden. Die Banken sollten Schriftzeichenlesegeräte und Regiskop-Kameras bereitstellen, um Personen zu fotografieren, die große Geldbeträge abheben. Die Innenrevisionsabteilungen der Banken sollten mit erfahrenen, sachkundigen und engagierten Mitarbeitern mit nachgewiesener Integrität besetzt werden. Außerdem sollten alle Mitarbeiter, die zur Aufdeckung von Betrug beitragen, entlohnt und geschützt werden.

d) Korrupte Bankangestellte sollten strafrechtlich verfolgt werden, anstatt sie zu entlassen und ihnen zu erlauben, ungehindert mit ihrer Beute umzugehen. Außerdem sollte jeder, der wegen korrupter Praktiken aus einer Bank entlassen wurde, in keiner anderen Bank des Landes angestellt werden und,

e) Das Bankpersonal sollte von Zeit zu Zeit geschult werden, um seine Effizienz zu steigern. Auch die Beförderung des Personals, die Vergütung und die Verweildauer der Mitarbeiter an einem bestimmten Arbeitsplatz sollten nicht außer Acht gelassen werden.

Adegbite, (1991) identifiziert und bewertet die folgenden sechs Säulen zur Bekämpfung der Korruption in Nigeria:

(a) Stärkung des Rechtssystems durch Neudefinition und Vereinfachung der verschiedenen Gesetze, die sich mit Korruption befassen.

(b) Notwendigkeit der moralischen Erneuerung

(c) Gewährleistung des sozialen Wohlergehens durch Verabschiedung einer Politik, die das soziale Wohlergehen aller Bürger des Landes fördert.

(d) Aktive Beteiligung der Bürger an der Korruptionsbekämpfung, d. h. das System sollte Mechanismen vorsehen, die es den Bürgern, die sich gegen Korruption engagieren, ermöglichen, korrupte Elemente bei den zuständigen Behörden zur Rede zu stellen, ohne Angst vor Belästigung, Viktimisierung oder Schikanen haben zu müssen, vorausgesetzt, diese privaten Informanten haben nicht böswillig gehandelt.

(e) Die Rolle der Presse (als vierte Gewalt im Staat) als Wächter des Bürgers über alle Formen des Missbrauchs (Korruption) sollte durch einen umfassenderen verfassungsrechtlichen Schutz der Pressefreiheit gestärkt werden.

(f) Lobpreisung tugendhafter Inhaber öffentlicher Ämter: Das bedeutet, dass wir korrupte Bürger verurteilen, aber auch die tugendhaften Bürger loben sollten, die sich in den heiklen Positionen, die sie in Politik, Verwaltung usw. bekleidet haben, als unbestechlich erwiesen haben.

Joda, (2010), bewertet die folgenden Makromaßnahmen zur Bekämpfung der Korruption in Nigeria (politische Perspektive):

(a) Entwicklung einer Kultur der Integrität unter der nigerianischen Jugend.

(b) Anerkennung der Wiedererlangung von Vermögenswerten als grundlegendes Prinzip zur Verringerung der Korruption durch die Anwendung des Anti-Korruptions-Übereinkommens der Vereinten Nationen und durch ein globales Netzwerk von Geldern, die von ihren Bürgern gestohlen wurden.

(c) Zusammenarbeit mit Finanzinstituten bei der Aufdeckung von Geldwäscherei.

(d) Die Beteiligung des Privatsektors an der Korruptionsbekämpfung.

(e) Stärkung des Justizsystems durch dessen Unabhängigkeit.

(f) Offene und unabhängige Medien, die die Bevölkerung über die Gefahren der Korruption aufklären.

(g) Stärkung der Rechtsetzungskapazität durch Offenlegung der finanziellen Vermögenswerte.

(h) Stärkung der Fähigkeit der Jugend zur Korruptionsbekämpfung durch ihre Beteiligung am Kampf gegen die Korruption.

Momoh, (2007) hat in seinem Artikel "The Third Term Rumored Agenda: A Battle to Retain or Rotate corruption" (Kampf um die Beibehaltung oder Abschaffung der Korruption) die folgenden Maßnahmen als Mittel zur Eindämmung der Korruption in Nigeria: "Meiner Meinung nach sollte jeder auf Juju schwören, das speziell für diesen Zweck hergestellt wurde. Dabei ist es unerheblich, ob der Schwörende an Juju glaubt oder nicht. Schließlich braucht Zucker für seinen süßen Geschmack auch nicht das Zeugnis anderer. Der Geschmack von Zucker ist anders als der Geschmack von bitteren Blättern, unabhängig davon, was jemand glaubt. Er ist echt. Auch der Mann, der glaubt, dass Juju nicht wirklich wirksam ist, hat nichts verloren. Er soll trotzdem darauf schwören. Einige Leute mögen argumentieren, dass die Heiligen Bücher Nigerianer, die korrupt sein wollen, nicht abschrecken werden. Aber ich glaube, dass nicht die gelesenen Passagen als solche die Bücher wirksam machen, sondern die kollektiven Schwingungen derer, die wirklich an sie glauben. Einige Nigerianer mögen diese Behauptung akzeptieren, während andere sie nicht akzeptieren, es ist also eine Frage des Glaubens und der Kultur der Menschen, die von Gesellschaft zu Gesellschaft variiert. Er fügte hinzu: "Die Ablegung von aktiven Eiden dient zwei Zwecken. Erstens wird sich der aktiv vereidigte Beamte immer dieser unsichtbaren mystischen Kraft bewusst sein, die über ihn wacht. Selbst wenn er auf natürliche Weise krank wird, wird sein erster Gedanke sein, darüber nachzudenken und sich zu fragen, ob es eine Zeit und einen Ort gab, an dem er sich entgegen dem Eid verhalten hat. Der wichtigste Aspekt der aktiven Eidesleistung ist, dass sie Vertrauen in das System schafft."

Momoh (2007) merkt an, dass es weitere Vorschläge für den Umgang mit dem Problem der Korruption gibt. Der erste Vorschlag lautet, dass diejenigen, die sich korrupter Praktiken schuldig gemacht haben, gedemütigt werden sollten, anstatt sie lediglich zu inhaftieren oder ihnen einen Teil ihrer Beute zu entziehen. Auch dieser Vorschlag ist in unseren Traditionen verwurzelt. Die ursprüngliche afrikanische Art, mit einem Dieb umzugehen, bestand in der Demütigung und nicht in der bloßen Bestrafung. In der afrikanischen Denkweise ähnelt eine Gefängnisstrafe eher einer Bestrafung, die nicht sehr effektiv ist, um jemanden auf den Pfad der moralischen Rechtschaffenheit zurückzubringen. Früher wurde ein Erwachsener, der gestohlen hatte und erwischt wurde, immer auf den Hauptstraßen des Dorfes vorgeführt. Manchmal wurde die Parade von jungen Mädchen begleitet, die zur Schande des Gefangenen und der Mitglieder seiner unmittelbaren und erweiterten Familie abwertend und beleidigend sangen und klatschten. Übertragen auf die moderne Technik bedeutet dies, dass Plünderer von öffentlichem Vertrauen und öffentlichen Geldern auch nackt in Fernsehsendungen vorgeführt werden

130

können. Die ganze Nation wird an der Schande teilhaben. Die Parade sollte in regelmäßigen Abständen durchgeführt werden, je nach Schwere des Betrugs und dem Urteil der Gerichte. Die Idee dahinter ist, dass die Schuldigen in den meisten Teilen des Landes leicht identifiziert werden können. Diese Art der Behandlung eignet sich auch sehr gut für bewaffnete Räuber. Anstatt ihnen Hände oder Beine abzuschneiden, wie es manche befürworten, sollten wir sie einmal in der Woche oder im Monat ganz nackt im Fernsehen vorführen. In der traditionellen Gesellschaft diente das Abschneiden eines Teils des Körpers eines Diebes dazu, ihn leichter identifizieren zu können. In den modernen Gesellschaften sind Fernsehauftritte für die Diebe das zuverlässigste Mittel zur Identifizierung.

Aus den obigen Ausführungen geht hervor, dass diese Empfehlung möglicherweise nicht anwendbar ist, da sie dazu tendiert, bestimmte Aspekte der Menschenrechte zu verletzen; selbst die Idee der Amputation eines Teils des Körpers von Dieben in den traditionellen afrikanischen Gesellschaften ist in der heutigen modernen Gesellschaft nicht mehr durchführbar. Auch in jüngster Zeit haben sich viele Staaten von der Todesstrafe als Mittel zur Hinrichtung von Straftätern verabschiedet, insbesondere einige Mitgliedstaaten der Europäischen Union, während andere dies nicht getan haben.

Momoh (2007) schlägt vor, dass "ein weiterer Vorschlag für den Umgang mit dem Problem der Korruption darin besteht, das Phänomen offen anzuerkennen und es zu legalisieren. Aber wenn wir es legalisieren, können wir festlegen, welcher Prozentsatz und welche Sätze für jede Dienstleistung berechnet werden sollen. Der Vorteil dieses Vorschlags ist, dass es möglich sein wird, einen Beamten vor Gericht zu stellen, diesmal nicht wegen Korruption, sondern wegen Überkorruption. Die Idee, Korruption zu legalisieren, ist in sich widersprüchlich. Das liegt daran, dass die Korruption in letzter Zeit weithin verurteilt und als globales Übel angesehen wird; sie zu legalisieren ist eine Tragödie der doppelten Strafverfolgung.

Momoh (2007) schlug vor, dass die Rechenschaftspflicht eine ständige und regelmäßige Angelegenheit im öffentlichen und privaten Sektor sein sollte. Er fügte hinzu, dass jedes Ministerium oder jede halbstaatliche Einrichtung etwa einmal in drei oder vier Jahren überprüft werden sollte, damit die Beamten wissen, dass sie während ihrer Amtszeit überprüft werden, so dass sie es sich noch einmal überlegen, bevor sie etwas Dummes oder Unpatriotisches anstellen. Er betonte ferner, dass es nach den Worten des verstorbenen Chief Anthony Enahoro keine heiligen Ministerien oder heiligen Personen geben sollte. Auch dürfe es keine Verzögerung, Unentschlossenheit oder

Vernachlässigung von Untersuchungsberichten geben. Er schloss mit den Worten: "Wenn die Gesellschaft beschließt, die Korruption zu bekämpfen, ist es nur fair, dass der Kampf bis in die letzten Winkel geführt wird, da wir sonst eine Situation schaffen, in der die herrschenden Eliten die Verlierer sind. Aber es kann immer argumentiert werden, dass die herrschenden Eliten, sobald sie feststellen, dass ihre Korruptionslöcher gestopft sind, schnell handeln werden, um alle Korruptionslöcher in der Gesellschaft zu stopfen. "

Kolo (2011) nennt als eine Möglichkeit zur Eindämmung der Korruption, dass die Regierung öffentliche und politische Ämter weniger attraktiv macht. Denn es gibt immer mehr Beweise dafür, dass das nigerianische politische System weltweit das teuerste ist und es zu teuer ist, in politische Ämter zu gelangen. Er fügt hinzu, dass Politiker heutzutage ihren Ehrgeiz, ein politisches Amt zu bekleiden, als Investition betrachten, und das bedeutet, dass je höher die Kosten sind, um in ein politisches Amt zu gelangen, desto mehr Menschen dazu neigen, korrupt zu werden, da sie nun versuchen werden, ihre Investitionen wieder hereinzuholen, nachdem sie es geschafft haben." (Daily Sun, 30. September 2011) Okolo glaubt nicht, dass der derzeitige Kampf gegen Wirtschaftskriminalität ausreicht, um in naher Zukunft die besten Ergebnisse zu erzielen. Er sagt: "Unser System braucht eine Menge Orientierung und ein Umdenken. Wir sollten erkennen, dass der Zeitaufwand für die Verfolgung korrupter Politiker gleichbedeutend ist mit Geldaufwand. Deshalb brauchen wir ein Gesetz, das kategorische Sanktionen gegen korrupte Amtsträger vorsieht." Außerdem plädiert er dafür, "noch einen Schritt weiter zu gehen und diesen (korrupten Politikern) die Möglichkeit zu nehmen, öffentliche Ämter zu bekleiden oder für diese zu kandidieren, um sie in Zukunft irrelevant zu machen.

Er schlug jedoch vor, dass denjenigen, die in der Vergangenheit mit nationalen Preisen ausgezeichnet wurden, die korrupt sind, diese Ehre und der Preis aberkannt werden sollten, und dass ihre Namen im Amtsblatt veröffentlicht und möglicherweise an alle Regierungsbehörden und sogar an ausländische Botschaften geschickt werden sollten, damit diese sie als Kriminelle erkennen; außerdem sollten ihre Bilder im Internet veröffentlicht werden. Er fügte hinzu, dass wir solche kriminell gesinnten Nigerianer einer weltweiten Blamage aussetzen müssen; wir müssen ihnen einen nationalen Haftungsausschluss auferlegen. Er sagt, dass die gleiche Strafe auch für Wahlfälscher gelten sollte, da sie die Gelder der Nation für ihre egoistischen Ziele verschleudert haben. Er schloss damit, dass diese Maßnahmen zur Eindämmung der Korruption einfache, kluge und einfache Wege sind, um der Gier, die zu Korruption führt, ein Ende zu setzen.

Joda (2010) gibt unter anderem folgende Empfehlungen für die Eindämmung der Korruption in Nigeria:

(a) Die Liebe zur eigenen Nation (Patriotismus) der Nigerianer sollte gestärkt werden.

(b) Übernahme der Lehren aus den Erfahrungen Singapurs bei der Korruptionsbekämpfung in Nigeria

(c) Der Jugend dieses Landes muss die Priorität eingeräumt werden, die sie verdient, indem sie über wichtige Grundsätze, Werte, Ethik und grundlegende Normen, die der Korruption entgegenstehen, aufgeklärt wird.

(d) Eltern sollten ihre Kinder über korrupte Praktiken aufklären.

(e) Die Bürgerinnen und Bürger sollten gute Gehälter, Sozialleistungen und Gratifikationen erhalten, und es sollte eine strenge und nachhaltige Durchsetzung von Verhaltenskodizes und Disziplinarmaßnahmen in jedem Sektor sowohl in der Regierung als auch im privaten Sektor erfolgen.

(f) Es sollten Sondergerichte für die Economic and Financial Crimes Commission und die Independent Corrupt Practices Commission eingerichtet werden, um Korruptionsfälle zu beurteilen;

(g) Es sollte eine nachhaltige Medienkampagne geben, um die Bedeutung der Korruptionsbekämpfung hervorzuheben;

(h) Die Bestrafung von Personen mit hohem Bekanntheitsgrad sollte als starke Abschreckung angesehen und daher gefördert werden.

(i) Verabschiedung von Gesetzen zur Kriminalisierung von Bestechung, Veruntreuung, Machtmissbrauch und Unterschlagung durch Amtsträger;

(j) Die Fähigkeiten und Kapazitäten der Ermittlungsbeamten des EFCC zur Sammlung von Informationen über Betrugsdelikte und Diebstahl von Staatsvermögen im öffentlichen und privaten Sektor müssen nachhaltig verbessert werden;

(k) Kontinuierliche Unterstützung der Kommission für Wirtschafts- und Finanzkriminalität (EFCC) und damit die Koordinierung von Korruptionsbekämpfungsstrategien und Ermittlungen durch Nigerianer sowohl im Inland als auch in der Diaspora ;

(I) Es sollte ein ausgewogenes Informationsmanagementsystem eingerichtet werden, um ein genaues Bild von der Häufigkeit und Form korrupter Praktiken zu erhalten, damit das Image nicht durch falsche Anschuldigungen beschädigt wird;

(m) Alle Regierungsebenen, die für das Beschaffungswesen und die Verwaltung von Verträgen und Finanzen zuständigen Abteilungen müssen sich in angemessener Weise an die Vorschriften zur Betrugsverhütung halten, und diese müssen vorrangig behandelt werden;

(n) Der Gedanke der Verantwortlichkeit für die Korruptionsprävention sollte in den Führungsebenen der Regierungsstellen verankert werden;

(0) Einrichtung von Anti-Korruptions-Hotlines für die Economic and Financial Crimes Commission (EFCC) und die Independent Corrupt Practices and other-related Offences Commission (ICPC) in allen Landesteilen;

(p) Es sollte eine nachhaltige Förderung der Forschung, der wissenschaftlichen Analyse und des Einsatzes für die Erforschung der Ursachen, der Auswirkungen, des Wachstums und möglicher präventiver "Maßnahmen gegen die Korruption in Nigeria" erfolgen.

(q) Die Anti-Betrugs-Behörden sollten Personen und Unternehmen, die nachweislich mit korrupten Praktiken in Verbindung stehen, auf eine schwarze Liste setzen und diese veröffentlichen, damit junge Menschen aus Angst vor den Folgen korrupten Verhaltens zurückhaltend werden.

(r) Es sollte eine kontinuierliche strategische Überprüfung und Überarbeitung der Rechtsvorschriften für die Betrugsbekämpfungsstellen geben, um die Herausforderungen durch neue Taktiken der Täter einzudämmen, zumal sich die technologischen Innovationen täglich ändern.

(s) Die organisierte Zivilgesellschaft und die Regierung sollten Initiativen unterstützen, die die Jugend motivieren und sensibilisieren, landesweit keine Korruption zu dulden;

(t) Mit dem Büro der Vereinten Nationen für Drogen- und Verbrechensbekämpfung (UNODC), der Regierung und Gruppen der Zivilgesellschaft in Nigeria sollte eine dauerhafte und aufrichtige Partnerschaft zur Bekämpfung der Korruption aufgebaut werden.

(u) Die nigerianischen Medien sollten die Nigerianer über die Analyse der weltweiten Korruptionstendenzen informieren, damit diese Informationen den Nigerianern wertvolle Hinweise für die Entwicklung von Strategien zur Überwachung von Aktionsplänen liefern.

(v) Das nigerianische Bildungssystem sollte überholt und für alle Nigerianer in der Primar- und Sekundarstufe obligatorisch werden.

Doch so schön diese Strategien zur Eindämmung der Korruption in Nigeria auch sind, sie bleiben eine Illusion, wenn sie nicht umgesetzt werden. Nigeria ist dafür bekannt, dass es gute Strategien und Programme imitiert, aber bei der Umsetzung scheitert. Das liegt daran, dass es der bisherigen nigerianischen Regierung am politischen Willen zur

Korruptionsbekämpfung mangelt. Solange die Regierung nicht ihrer Verantwortung gerecht wird, wie sie in der Verfassung festgelegt ist (auf deren Einhaltung die Verantwortlichen auf allen Regierungsebenen geschworen haben), wird der Kampf gegen die Korruption nur eine Fata Morgana sein.

Da der Trend zur Korruption in Nigeria weiter zunimmt, wird, wenn nichts dagegen unternommen wird, Mittelmäßigkeit an die Stelle von Leistung treten, wie wir in einigen Bereichen der nigerianischen Wirtschaft gesehen haben. Die Economic and Financial Crimes Commission (EFCC) und die Independent Corrupt Practices and other -related Offences Commission (ICPC) haben versucht, die Korruption in Nigeria einzudämmen, aber es muss noch viel getan werden, um das Tempo zu halten und die Korruption in Nigeria auf ein Null-Toleranz-Niveau zu senken.

Generell hat die Korruption in jüngster Zeit eine große Bedrohung für die sozioökonomische und politische Entwicklung Nigerias dargestellt, so dass mehr getan werden muss, um sie auf ein Minimum zu reduzieren und wenn möglich auszurotten. Im Folgenden werden Strategien zur Eindämmung der Korruption in Nigeria vorgestellt:

(a) Die Nigerianer müssen zugeben, dass sie ein Problem haben!

(b) Das Problem ist die Korruption!

(c) dass das Problem von den Nigerianern angegangen oder gelöst werden muss!

(d) Alle müssen es verurteilen!

(e) Seine Wirkungen/Implikationen sind schlecht!

(f) Sie ist ein Übel, das niemandem nützt!

(g) Sie erfordert gemeinsame Anstrengungen in ihrem Kampf!

 (h) Sie kann nicht ausgerottet, aber minimiert werden!

(i) Sie variiert von Gesellschaft zu Gesellschaft, und zwar weltweit!

Solange die oben genannten Strategien nicht in Angriff genommen werden, wird Nigerias Streben nach Korruptionsbekämpfung auf nichts hinauslaufen, sondern eine Verschwendung von Zeit und Ressourcen sein. Erst wenn die oben genannten Probleme angegangen werden, können wir die folgenden Möglichkeiten zur Eindämmung der Korruption in Betracht ziehen:

(a) Kriminalisierung der Korruption: Eine Möglichkeit, die Korruption in Nigeria einzudämmen, besteht darin, sie zu kriminalisieren. Denn sobald Korruption kriminalisiert wird, wird sie zu einer Straftat, die gesetzlich geahndet wird. Darüber hinaus können schwere Strafen verhängt werden, wie z. B. eine Mindeststrafe von 20 Jahren Haft ohne Geldstrafe oder beides. Außerdem wird die Kriminalisierung von

Korruption mit einer harten Strafe als Abschreckung für diejenigen dienen, die korrupte Praktiken als Möglichkeit sehen, sich zu bereichern oder Vermögen anzuhäufen.

(b) Beschlagnahme/Verfall und Rückgabe: Es ist sehr bedauerlich, dass Gelder und Eigentum, die von korrupten Tätern in Nigeria gestohlen wurden, nicht eingezogen werden und auch keine Rückerstattungen erfolgen. Dies hat es Nigerianern mit korrupten Tendenzen ermöglicht, öffentliche Ämter als Möglichkeit zu sehen, ungestraft Reichtümer anzuhäufen, wohl wissend, dass sie nach ihrer Haftzeit (d.h. wenn sie im Gefängnis sind) ihr gestohlenes Vermögen genießen können. Dies hat die Korruption in Nigeria weiter gestärkt, denn Nigerianer mit korrupten Tendenzen würden lieber für kurze Zeit Demütigungen und Gefängnisstrafen in Kauf nehmen und sich für den Rest ihres Lebens an ihrer Beute erfreuen. Daher muss die Regierung ihre Bemühungen verstärken, um sicherzustellen, dass das Eigentum korrupter Täter beschlagnahmt und das geraubte Geld eingezogen wird. Außerdem müssen Entschädigungen für den Schaden, der den Bürgern entstanden ist, an die Staatskasse gezahlt werden. Dies wird Nigerianer mit korrupten Tendenzen abschrecken, die wissen, dass korrupte Praktiken harte Strafen nach sich ziehen und dass sie am Ende alles verlieren werden, was sie durch Plünderung erlangt haben.

(c) Allgemeine Verurteilung der Korruption: Es ist beschämend und bedauerlich, dass einige Nigerianer mit korrupten Straftätern feiern, insbesondere mit Politikern, die an der Spitze des Landes versagt haben, als sie dem Volk die Früchte der Demokratie gebracht haben. Es ist auch beschämend, dass einige Nigerianer auf den großen Straßen Plakate tragen und protestieren, dass bestimmte korrupte Führer nicht verhaftet werden sollten, weil er/sie "ihr Sohn oder ihre Tochter" ist, "ein würdiger Sohn oder eine würdige Tochter des Landes". Es stellt sich die Frage, warum sich einige Nigerianer mit korrupten Personen identifizieren, die normalerweise exkommuniziert werden müssten, weil sie eine Schande für die Gesellschaft sind.

Die meisten traditionellen und religiösen Führer in Nigeria haben es jedoch versäumt, die Korruption in ihren Bereichen zu verurteilen; stattdessen verleihen einige von ihnen Titel an Nigerianer, die sich als Kriminelle entpuppen. Wenn die Korruption nicht gefeiert wird, wie können dann Führer, die wegen Korruption verurteilt wurden, in ihre Gotteshäuser gehen, um ihrem "Gott" für was zu danken? Wenn man fragen darf: Es gibt keinen besseren Grund, als ihrem "Gott" für das Stehlen zu danken.

Solange die Nigerianer auf allen Ebenen korrupte Handlungen nicht verurteilen, wird Nigerias Kampf gegen die Korruption eine Fata Morgana sein. Daher müssen alle

Hände an Deck sein, um die Korruption in all ihren Verästelungen zu verurteilen.

(d) **Reform des nigerianischen Bildungssystems:** Das gesamte nigerianische Bildungssystem muss reformiert werden, um mit den weltweit besten Praktiken Schritt halten zu können. Dies beinhaltet eine Umstrukturierung der Lehrpläne für Schulen auf allen Ebenen und eine angemessene Finanzierung der Bildungseinrichtungen im Lande.

Das sinkende Bildungsniveau in Nigeria hat sich jedoch auch auf andere Bereiche der Wirtschaft negativ ausgewirkt. Es ist bedauerlich, dass Tausende von Absolventen der nigerianischen Hochschulen nicht in die Wirtschaft integriert werden können, was zu Arbeitslosigkeit und Unterbeschäftigung führt. Einige dieser Absolventen sind jedoch nicht beschäftigungsfähig, was unter anderem auf Faktoren wie die schlechte Qualität der Lehre, das Lernumfeld, unzureichende Labore, überfüllte Hörsäle und eine schlechte Bibliothek zurückzuführen ist.

Allerdings hat die nigerianische Regierung im Laufe der Jahre bei der Finanzierung des Bildungswesens versagt, was dazu führte, dass die Bildungseinrichtungen in Nigeria mehr als die erforderliche Anzahl von Schülern/Studenten pro Klassenzimmer aufnehmen, wodurch die Klassenzimmer überfüllt sind, was sich wiederum auf das Lernen und damit auf die Leistung der Schüler/Studenten auswirkt. Zweitens hat die gleichgültige Haltung der nigerianischen Regierung gegenüber dem Bildungsbereich im Laufe der Jahre dazu geführt, dass in den meisten nigerianischen Hochschulen Teilzeitprogramme angeboten werden, in denen nur wenig gelernt wird, und die Studenten, die oft die Leidtragenden sind, zahlen für dieses dürftige Lernen mehr.

Wenn das nigerianische Bildungssystem reformiert wird und sowohl die Regierung als auch die Dozenten/Lehrer das tun, was von ihnen erwartet wird, wird dies einen großen Beitrag zur Verbesserung des Bildungsstandards leisten.

(e) **Politischer Wille:** Eine der größten Herausforderungen im Kampf gegen die Korruption in Nigeria ist der fehlende politische Wille, bestimmte korrupte ältere Bürger strafrechtlich zu verfolgen. In Nigeria gibt es frühere Führungspersönlichkeiten, denen bestimmte Korruptionshandlungen nachgewiesen werden konnten, die aber bisher nicht zur Rechenschaft gezogen wurden. Der Grund dafür ist, dass diese Kategorien von Bürgern oft als "über dem Gesetz stehend" bezeichnet werden.

Außerdem wird es für ein Land, in dem bestimmte Bürger in der Praxis "über dem Gesetz" stehen, schwierig sein zu behaupten, es bekämpfe die Korruption, wenn die so genannten "über dem Gesetz" stehenden Bürger, die korrupt sind, nicht strafrechtlich verfolgt werden, es sei denn, der "Sündenbock" leidet darunter: Kein Bürger, der korrupt ist, unabhängig von seinem oder ihrem Status, darf ungestraft bleiben (kurz gesagt, es sollte keine geheimen Kühe geben).

Die Regierung muss in ihrem Kampf gegen die Korruption den politischen Willen zeigen, dafür zu sorgen, dass alle korrupten Schuldigen, unabhängig von ihrem Status, vor Gericht gestellt werden.

(f) Armutsbekämpfung: Nigerias Bestreben, die Korruption einzudämmen, wird eine Verschwendung von Ressourcen und Zeit sein, wenn nichts getan wird, um die alarmierende Armutsrate in Nigeria zu bekämpfen. Folglich sind die meisten Nigerianer nicht arm, weil sie arm sind, sondern weil die nigerianische Regierung im Laufe der Jahre versagt hat, ihre verfassungsmäßig festgelegte Rolle zu erfüllen. Es müssen dringend politische Maßnahmen und Programme eingeführt werden, die darauf ausgerichtet sind, die Leiden von Millionen von Nigerianern zu lindern, die sich in bitterer Armut suhlen.

(g) Erhöhte Sensibilisierung: Die meisten Nigerianer sehen Korruption als "Geben und Nehmen", kurz gesagt, als Bestechung. Tatsächlich geht Korruption aber über Geben und Nehmen hinaus. Es ist sehr bedauerlich, dass die meisten Nigerianer die verschiedenen Dimensionen der Korruption nicht verstehen, sie sehen sie eher unter dem monetären oder finanziellen Aspekt. Die nigerianischen Medien müssen in dieser Hinsicht eine wichtige Rolle spielen, indem sie die Nigerianer über die verschiedenen Arten von Korruption, ihre Auswirkungen und Möglichkeiten zu ihrer Eindämmung aufklären. Transparency International (2007) stellt fest, dass ein weiteres Ergebnis von 20 Workshops im November/Dezember 2003 war, die zivilgesellschaftliche Organisationen, die Medien, den privaten Sektor und andere relevante Interessengruppen dazu aufforderten, an einer offenen Debatte über die Ergebnisse der drei Erhebungen, Empfehlungen und Schritte, die auf nationaler Ebene zur Bekämpfung der Korruption und zur Verbesserung der Regierungsführung unternommen werden sollten, teilzunehmen. Zu den Vorschlägen gehörten die Unterstützung von Initiativen im Bereich der öffentlichen Bildung, die Einführung besserer Kontrollen für gewählte Beamte, die Wiedereinführung von Auswahlverfahren für die Einstellung in den öffentlichen Dienst und andere Ideen zur Erhöhung der Transparenz.2

(h) Die Rolle der Regierung: Im Laufe der Jahre hat es die Verwaltung versäumt, ihre in der Verfassung festgelegten Aufgaben zu erfüllen, nämlich die Bürger mit den grundlegenden Annehmlichkeiten zu versorgen; dies hat dazu geführt, dass die Bürger zu allen Formen illegaler Mittel greifen, um ihren Lebensunterhalt zu verdienen. In der Tat sollte die nigerianische Regierung ihrer Verantwortung gerecht werden und ihre verfassungsmäßig festgelegten Aufgaben wahrnehmen, um die Not vieler Nigerianer zu lindern. Außerdem sollten die Auswirkungen der Politik und der Programme der Regierung für alle Nigerianer spürbar sein und nicht nur für einige wenige Personen. Außerdem muss die Regierung ein aufrichtiges Engagement im Kampf gegen die Korruption an den Tag legen. Ihr Kampf gegen die Korruption sollte nicht als Mittel zur Hexenjagd auf politische Feinde angesehen werden.

(i) **Verbot für korrupte Täter, öffentliche Ämter zu bekleiden**: Nigerianer, die der Korruption angeklagt und für schuldig befunden wurden, sollten lebenslang von der Ausübung öffentlicher Ämter ausgeschlossen werden. Es ist bedauerlich, dass ehemalige korrupte Politiker und Regierungsbeamte, die der Korruption angeklagt und für schuldig befunden wurden, während sie im Amt waren, bisher für Wahlämter oder andere Ämter kandidieren durften, was in einer idealen Gesellschaft, die Korruption meidet, nicht der Fall sein sollte, aber im heutigen Nigeria ist das Gegenteil der Fall. Es sollte ein Gesetz erlassen werden, das es korrupten Führern oder Personen verbietet, ein öffentliches Amt zu bekleiden.

(j) **Förderung der Rechenschaftspflicht und Transparenz (PAT):** Es sollte eine monatliche Bewertung der Aufzeichnungen von Organisationen im öffentlichen und privaten Sektor geben. Dies wird die Nigerianer in die Lage versetzen, die Gewohnheit der Rechenschaftspflicht und Transparenz in all ihren Geschäften zu kultivieren. Auf allen Organisationsebenen (öffentlich und privat) sollte das Personal verpflichtet werden, monatlich detailliert Rechenschaft über alle seine Aktivitäten abzulegen, um alle korrupten Schlupflöcher zu schließen und sie in all ihren Geschäften rechenschaftspflichtig und transparent zu machen.

(k) **Die Rolle der Nigerianer:** Korruption ist ein globales Phänomen, auch wenn sie in einigen Gesellschaften schlimmer ist als in anderen. Die Nigerianer auf allen Ebenen müssen die Korruption als ein globales Übel betrachten, das niemandem nützt, und deshalb müssen alle bei der Bekämpfung der Korruption an Deck sein. Es ist wichtig zu wissen, dass der Kampf gegen die Korruption nicht nur von der Regierung, sondern von allen Nigerianern gemeinsam geführt werden muss.

Darüber hinaus sollten die Nigerianer lernen, die Korruption in ihrer Gesamtheit zu verurteilen, anstatt sie als eine Lebensweise zu betrachten. Die Nigerianer sollten den Kampf gegen die Korruption auch als einen Kampf sehen, der gemeinsame Anstrengungen erfordert, anstatt ihn als Kampf gegen bestimmte Personen, Gruppen,

Stämme, Religionen oder Regionen zu betrachten. Diejenigen, die der Korruption angeklagt sind, sollten mit der vollen Härte des Gesetzes konfrontiert werden, und auf diese Weise wird ein gewisses Maß an Vernunft in unsere Gesellschaft einziehen.

(l) Einrichtung von Sondergerichten, die korrupte Schuldige vor Gericht stellen sollen: Die Regierung sollte ihre Bemühungen verstärken, ein unabhängiges Gericht einzurichten, das sich vom herkömmlichen Gerichtssystem unterscheidet und ausschließlich Korruptionsfälle verhandelt. Diese Anregung erfolgt angesichts der Verzögerungen bei der Vollstreckung von Urteilen in Korruptionsfällen im herkömmlichen Gerichtssystem. Die Einrichtung eines Sondergerichts zur Verfolgung von Korruptionsfällen sollte über ein hohes Maß an Autonomie in Bezug auf die Finanzierung und die Ernennung des Vorsitzenden verfügen und den politischen Willen haben, jeden Bürger unabhängig von seinem Status wegen Korruptionsvorwürfen zu verfolgen. Die Tätigkeit dieses Gerichts sollte zwar kontrolliert werden, aber diese Kontrolle sollte seine Rolle bei der Verfolgung von Korruptionsfällen nicht beeinträchtigen.

(m) Aufhebung der Immunität nach Ablauf der Amtszeit: Es wurde viel darüber diskutiert, ob die Immunität von Amtsträgern aufgehoben werden soll oder nicht. Die Befürworter der Aufhebung der Immunität begründen ihre Forderungen damit, dass die Aufhebung der Immunität von Amtsträgern bestimmten Personen die Möglichkeit gibt, die Regierungsarbeit zu untergraben, indem sie bestimmte Prozesse gegen sie anstrengen, um den Prozess der Regierungsführung zu zerstören. Diese Behauptung ist im nigerianischen Umfeld gerechtfertigt, wenn man die Art der meisten nigerianischen Politiker bedenkt, die eine Wahlniederlage nicht akzeptieren.

Die Immunität für die meisten Inhaber öffentlicher Ämter wurde jedoch von den Inhabern öffentlicher Ämter in Nigeria missbraucht, da viele sie als eine Möglichkeit sehen, ihr Amt zur persönlichen Vergrößerung zu nutzen. Die Immunität sollte nicht verlängert werden, nachdem ein bestimmter Amtsinhaber aus dem Amt ausgeschieden ist, sondern es sollte eine Zeit sein, in der ein Amtsinhaber beweisen sollte, ob er wirklich das Richtige getan hat, während er im Amt war oder nicht.

Vor diesem Hintergrund sollte die Immunität für Inhaber öffentlicher Ämter nicht verlängert werden, nachdem die betreffende Person oder Personengruppe ihr Amt - in welcher Funktion auch immer - beendet hat.

(n) Der Kampf gegen die Korruption sollte nicht selektiv sein oder ein Instrument zur Bekämpfung politischer Feinde oder Gegner: Obwohl die vor einigen Jahren von den Anti-Betrugs-Behörden wegen Korruption verfolgten Personen korrupt waren, sollte die Regierung, wenn sie die volle Unterstützung der Nigerianer in ihrem Kampf gegen die Korruption haben will, nicht selektiv vorgehen, sondern Einzelpersonen oder Gruppen, die der Korruption für schuldig befunden werden, unabhängig davon, wie hoch ihre Stellung in der Gesellschaft ist, mit der vollen Härte des Gesetzes bestrafen.

Die selektive Strafverfolgung korrupter Täter hat jedoch zur Folge, dass sie den korrupten Tätern die Möglichkeit bietet, sich mit den für die Verfolgung von Korruption zuständigen Institutionen und Personen zu verbünden, so dass sich dieselben korrupten Täter durch Bestechung aus der Strafverfolgung herauswinden können. So wurde beispielsweise der Ausschuss des Repräsentantenhauses, der Anfang 2012 den Betrug mit den Treibstoffsubventionen untersuchen sollte, angeblich von einigen der angeklagten Unternehmen bestochen, insbesondere von Zenon Oil and Gas Nig. Ltd.

Vor diesem Hintergrund muss die nigerianische Regierung ihre Bemühungen im Kampf gegen korrupte Einzelpersonen oder Gruppen verstärken und sollte nicht selektiv vorgehen; vielmehr sollte sie jeden korrupten Schuldigen "zur Rechenschaft ziehen" oder sich dem vollen Zorn des Gesetzes aussetzen.

(0) Nationale Ehrungen und Auszeichnungen sollten an Personen vergeben werden, die nicht korrupt sind: In der Vergangenheit wurden nationale Ehrungen und Auszeichnungen oft an Personen mit tadellosem Charakter verliehen, die wesentlich zum sozioökonomischen und politischen Wohlergehen des Landes beigetragen haben. Heute ist es nicht mehr so ungewöhnlich, dass nationale Ehrungen und Auszeichnungen an Personen vergeben werden, die in der Verwaltung versagt haben und deren Charakter fragwürdig ist. Dies zeigt sich an den Bildungseinrichtungen in Nigeria, wo Ehrendoktortitel an führende Politiker verliehen werden, die der Korruption angeklagt waren oder deren Verleihung nur wenige Monate zurückliegt. Die Regierung auf nationaler Ebene sollte die Verfahren und Kriterien für die Verleihung nationaler Ehrungen und Auszeichnungen überprüfen und die nationalen Ehrungen und Auszeichnungen, die an frühere Führer verliehen wurden, die sich später als korrupt erwiesen haben, zurückrufen. Nationale Ehrungen sollten nicht monetarisiert werden, sondern auf Verdienst und Kompetenz beruhen.

(p) Eine Vermögenserklärung sollte für jeden politisch Verantwortlichen vor Amtsantritt und nach dem Ausscheiden aus dem Amt verpflichtend sein und nicht, wie von einigen nigerianischen Politikern vorgeschlagen, eine Frage des "Prinzips" sein. Außerdem muss das mit dieser Aufgabe betraute Code of Conduct Bureau die

Herausforderung annehmen und sicherstellen, dass alle Inhaber öffentlicher Ämter ihr Vermögen vor und nach dem Ausscheiden aus dem Amt angeben, egal in welcher Funktion. Schließlich sollte die Vermögenserklärung zum Kriterium für die Wahl oder Ernennung in öffentliche Ämter in Nigeria gemacht werden.

(q) **Die internationale Unterstützung der Korruptionsbekämpfung** ist von entscheidender Bedeutung, da sie einen großen Beitrag zur Verhinderung von Geldwäsche leisten kann. Fagbadebo (2007) stellte fest, dass die Industrieländer ihr erklärtes Engagement zur Bekämpfung der Korruption in den Entwicklungsländern heucheln. Die jüngsten Enthüllungen in Nigeria belegen dies. Eine der Bedingungen für den Schuldenerlass und die Verbesserung der Entwicklungshilfe aus dem Ausland war die Verringerung des Korruptionsniveaus. Ausländische Vertretungen in Nigeria sollen jedoch Druck auf das Haushaltsamt ausgeübt haben, um sicherzustellen, dass die ordnungsgemäßen Verfahren für die Auswahl und Genehmigung von Verträgen umgangen wurden, um die von ihnen ausgewählten Kandidaten zu begünstigen. Der Köder war, dass eine solche Bevorzugung sie dazu veranlassen würde, ihre Heimatländer unter Druck zu setzen, einen Schuldenerlass für Nigeria zu unterstützen oder zusätzliche Entwicklungshilfe zu leisten (Odion, 2005). Welch ein Widerspruch! Dies ist die Art von Situation, die Hawley (2000) veranlasst haben könnte, die Aktivitäten der multinationalen Unternehmen, die die Korruption in den Entwicklungsländern fördern, zu verurteilen. Er schlug daher vor, dass "wirksame Maßnahmen gegen die Korruption darin bestehen müssen, dass die Entwicklungsländer wirksame Sanktionen gegen multinationale Unternehmen verhängen, die sich an korrupten Praktiken beteiligen, dass die politische Transparenz erhöht wird, um die Geheimhaltung zu beseitigen, unter der die Korruption gedeiht, und dass Widerstand gegen die unkritische Ausweitung der Privatisierung und der neoliberalen Wirtschaftspolitik geleistet wird" (Fagbadebo 2007).

Fagbadebo (2007) argumentiert, dass multinationale Unternehmen mit Unterstützung westlicher Regierungen (die angeblich einen energischen Kampf gegen die Korruption führen, um eine verantwortungsvolle Staatsführung zu fördern) und ihrer Agenturen in den Entwicklungsländern heimlich Korruption im großen Stil betreiben. Dies bezeichnete er als Absurdität.

Ake (1981) ist der Ansicht, dass diese Art von Korruption durch die Werbemaßnahmen skrupelloser multinationaler Unternehmen verursacht wurde, die mit aktiver Duldung lokaler Politiker nutzlose Industrieunternehmen förderten, um Anlagen und Maschinen zu verkaufen. "Solche Unternehmungen kosteten immer Geld und verschlimmerten die

Zahlungsbilanzprobleme des Landes. Sie waren oft an ausbeuterische Managementvereinbarungen gebunden, die nicht nur ihre wirtschaftliche Lebensfähigkeit, sondern auch ihre Fähigkeit zur Förderung der Eigenständigkeit bedrohten (ebd.).

Wenn alle Maßnahmen ergriffen wurden, um die Korruption in Nigeria zu zähmen, und es scheint, dass es keine Abhilfe gibt, ist unsere Position, dass die Todesstrafe die letzte Option bleibt. Der Grund dafür ist, dass die alarmierende Korruptionsrate in Nigeria durch die schwächere Bestrafung der Korruption und den mangelnden politischen Willen der nigerianischen Führer, denen die Korruption Vorteile gebracht hat oder die den Status quo genießen, notwendig geworden ist.

BIBLIOGRAPHIE

Aaronberg, D & Higgins, N (2010) "The Bribery Act 2010: all bark and no bite......? Archold Review (Sweet & Maxwell 2010(5)

Achebe, C. (1984) Der Ärger mit Nigeria. Harlow Heinemann

Adegbite, L. (1991) Towards the Evolution of a corrupt - free society. The role and duties of the citizenry in Kalu, A. U & Osinbajo, Y (1991) (eds.) Perspectives on Corruption and other Economic Crimes in Nigeria Lagos. Das Bundesministerium für Justiz.

Adekoya, F. (1991) Towards the Evolution of corrupt free society- The Role of Duties of the Citizenry in Kalu, A. U & Osinbajo, Y (1991) (eds.) Perspectives on Corruption and other Economic Crimes in Nigeria Lagos. Das Bundesministerium für Justiz.

Aina, D. A (2007) (Hrsg.) Corruption and the Challenge of Human Development. Eine Veröffentlichung der Politik-, Konflikt- und Strategiestudien der Babcock University

Aiyede, R.E. (2000): The Role of INEC, ICPC and EFCC in Combating Political Corruption, in: Adetula, V.A. (Hrsg.) Money and Politics, Abuja, Petra Digital Press

Akin- George J. (1991) Social & economic Foundation of Corruption & other Economic Crimes in Nigeria in Kalu, A. U & Osinbajo, Y (1991) (eds.) Perspectives on Corruption and other Economic Crimes in Nigeria Lagos. Das Bundesministerium für Justiz.

Akinola, S.B. (1991) Towards the Evolution of a Corrupt Free Society - The Role of Religious leadership in Kalu, A. U & Osinbajo, Y (1991) (eds.) Perspectives on Corruption and other Economic Crimes in Nigeria Lagos. Das Bundesministerium für Justiz.

Aluko, J.O. (2006) Corruption in the Local Government System in Nigeria, Ibadan: Oluben Printers

Andvig, J.C. (2008): Corruption and Armed Conflicts: Somestirring Around in the Governance Soup Norwegian Institute of International Affairs

Awa, U.K & Osinbajo, Y (Hrsg.) (1991): Perspectives on Corruption and other Economic Crimes in Nigeria, Lagos. Das Bundesjustizministerium

Ayoade, M. A. (1991) Towards the Evolution of a Corrupt - Free Society. The role and Duties of the Citizenry in Kalu, A. U & Osinbajo, Y (1991) (eds.)

Perspectives on Corruption and other Economic Crimes in Nigeria Lagos. Das Bundesministerium für Justiz.

Baran, P. (1957) Die politische Ökonomie des Wachstums: New York: Monthly Review Press

Bello, E, G (1991) Evolution a Legal and Institutional Framework for Combating Corruption and other Economic Crimes in Nigeria in Kalu, A. U & Osinbajo, Y (1991) (eds.) Perspectives on Corruption and other Economic Crimes in Nigeria Lagos. Das Bundesministerium für Justiz.

Wörterbuch der Kammer des 20. Jahrhunderts

Charles, H. (2006): Comparative Politics: Domestic Responses to Global Challenges: Fifth Edition Belmont: Thomson Wadsworth

Chori, F.B.N (2010): Politik: Die nigerianische Perspektive: Yabyang Publishers, Jos.

Chukkel, K.S. (2009): Effective Prosecution of Nigeria's Anti-Corruption and the Roles of the Courts: Challenges, Constraints and Prospect; Nigeria Anti-Corruption and Financial Crimes Summit.

Collins English Dictionary 8. Auflage, 2006

Cross Roads Magazin 4. Juli[th] 2012 Jubiläumsausgabe Vol. 18

Tägliche Sonne 30. September, 2011

Tageszeitungen Montag, 16. Mai 1983

EFCC-Gesetz 2004

Fadayomi, E. F. (1991) Beseitigung von Korruption und anderen Wirtschaftsverbrechen im Rahmen der Justizverwaltung; Probleme und Perspektiven

Fashagba, J. Y (2009) "Legislative Oversight under the Nigerian Presidential System" The Journal of Legislative studies Vol 15 No 4 December, 2009

Goldstem, J.S & Perehouse, J.C (2008) Internationale Beziehungen, achte Auflage: New York Pearson Longman

Guardian Zeitung 4. April, 2010

Heywood, A. (2007) Politik. Dritte Auflage New York: Palgrave Macmillian

Hugo English Dictionary, 2006

ICPC-Gesetz 2000

Ishowo, L. (2015) Nigeria: A Bizarre Contraption: An Account Socio-Political in a Fragile Nation-State: Lagos hMage Media Prints Ltd. 179 und 192 http://www.thisdaylive.com/articles/.

Joda, H.T. (2010): Anti-Corruption Handbook for Nigerian Youths: A Fundamental Paradigm for Re-Branding Education, Business, Politics; New Jersey Prentice-Hall Inc.   Englewood Cliffs.

Johnson, M. (2000): Corruption and Democratic Consolidation (Korruption und demokratische Konsolidierung), vorbereitet für eine Konferenz über Demokratie und Korruption,   Princeton University.

Johnson, S. (1991) Definition und Merkmale von Korruption und anderen Wirtschaftsdelikten.

Kalu, A. U & Osinbajo, Y (1991) (Hrsg.) Perspectives on Corruption and other Economic Crimes in Nigeria Lagos. Das Bundesministerium für Justiz.

Kegley, C. W. & Blanton, S. L. (2011) World Politics Trend and Transformation. International Edition: Boston Wadsworth

Lawal, G. und Tobi, A. (2006) Bureaucratic Corruption, Good Governance and Development: The Challenges and Prospects of Institution Building in Nigeria Journal of Applied Sciences Research, 2(10): 642-649, 2006

Maikori, A. A (1991) White Collar Criminality and Frauds in Financial Institutions in Nigeria- Possible Solutions in Kalu, A. U & Osinbajo, Y (1991) (eds.) Perspectives on Corruption and other Economic Crimes in Nigeria Lagos. Das Bundesministerium für Justiz.

Michels, R. (1911) Political Parties: Eine soziologische Studie über die oligarchische Tendenz der modernen Demokratie New York: Collier

Mohammed, B. H. (1991) Corruption: Why it thrives in Kalu, A. U & Osinbajo, Y (1991) (eds.) Perspectives on Corruption and other Economic Crimes in Nigeria Lagos. Das Bundesministerium für Justiz.

Momoh, Z. & Attah, J.P. (2018). Korruption und das Paradox der Armut in Nigeria *Global Journal of Applied, Management and Social Sciences (GOJAMSS); Vol.15 :140 - 148.*

Momoh, Z. (2013) Faces of Corruption in Nigeria First Edition Jos Global Multi-Service Ltd

Momoh, Z. (2015) Corruption and Governance in Africa International Journal of Humanities and Social Science (IJHSS) Vol. 3 (10), 99-111

Momoh, Z. (2015). Corruption and Governance in Africa *International Journal of Humanities and Social Science (IJHSS) Vol. 3 (10), 99-111.*

Momoh, Z. (2022). The Political Economy of Public Choice and Corruption: Cost-Benefit Analysis The International Journal of Social Sciences and Humanities Invention Vol. 9 (11),7336-7342

Momoh, Z., Anuga, J.A., & Anagba, J. O. (2018). Implications of Poor Electricity Supply on Nigeria's National Development *Humanities and Social Sciences Letters Vol.6, (2), 31-40* **DOI:** 10.18488/journal.73.2018.62.31.40

Monguno, SA (1991) Corruption: Why it thrives in Kalu, A. U & Osinbajo, Y (1991) (eds.) Perspectives on Corruption and other Economic Crimes in Nigeria Lagos. Das Bundesministerium für Justiz.

Mosca, G. (1939) Die herrschende Klasse. New York Mc Graw-Hill

Musa, S. (1991) Anatomy of Corruption and other Economic crime in Nigerian Public Life in Kalu, A. U & Osinbajo, Y (1991) (eds.) Perspectives on Corruption and other Economic Crimes in Nigeria Lagos. Das Bundesministerium für Justiz.

National Concord Montag, 16. Mai 1983 Betrug bei P und T

Nationaler Spiegel Mittwoch 24. April 2013 Vol. 3 N0 606

Nationale Planungskommission 2005

NAVC Handbuch und Schulungsleitfaden zur Korruptionsbekämpfung

New African Report (2009) Magazin 43rd Jahr November 2009. N 489 "Wer fördert die Korruption in Afrika?"

Odekunle, F. (1991) Controlling Indiscipline and Corruption in Nigeria. Grundlegende und kurzfristige Maßnahmen in Kalu, A. U & Osinbajo, Y (1991) (eds.) Perspectives on Corruption and other Economic Crimes in Nigeria Lagos. Das Bundesministerium für Justiz.

Odekunle, F (1991) Illustrations of Types, pattern and Avenues of corruption in Nigeria a Typology in Nigeria in Kalu, A. U & Osinbajo, Y (1991) (eds.) Perspectives on Corruption and other Economic Crimes in Nigeria Lagos. Das Bundesministerium für Justiz.

Ogwuma, P. A (1991) White Collar Criminality (And Frauds) in Financial Institutions in Nigeria- possible solutions in Kalu, A. U & Osinbajo, Y (1991) (eds.) Perspectives on Corruption and other Economic Crimes in Nigeria Lagos. Das Bundesministerium für Justiz.

OJaide, F. (2000). The Professional Accountant and Anti-Corruption Crusade" in *ICAN Nachrichten* Juli/September 2000

Ojo, O (2007) "A Political Economy Approach to Understanding corruption and the Challenge of Human Development in Aina, D. A (2007) (ed.) Corruption and the Challenge of Human Development. Eine Veröffentlichung der Politik-, Konflikt- und Strategiestudien der Babcock University

Okunola, M. (1991) Controlling Indiscipline and Corruption in Nigeria. Grundlegende und kurzfristige Maßnahmen in Kalu, A. U & Osinbajo, Y (1991) (eds.) Perspectives on Corruption and other Economic Crimes in Nigeria Lagos. Das Bundesministerium für Justiz.

Olufon. G.K. (1991) Money Laundering in Nigeria in Kalu, A. U & Osinbajo, Y (1991) (eds.) Perspectives on Corruption and other Economic Crimes in Nigeria Lagos. Das Bundesministerium für Justiz.

Olusegun, A. (2011): Macht, Politik und Tod; Lagos; Prestige Imprint.

Osinbajo, Y & Ajayi O (1991) Money Laundering in Nigeria in Kalu, A. U & Osinbajo, Y (1991) (eds.) Perspectives on Corruption and other Economic Crimes in Nigeria Lagos. Das Bundesministerium für Justiz.

Oxford Concise Dictionary of Politics, 2003

Oye, N. D. (2013) Reducing Corruption in African Developing Countries: The Relevance of E-Governance Greener Journal of Social Sciences ISSN: 2276-7800 Vol. 3 (1), pp. 006-013, January 2013.

Pareto, V. (1935) The Mind and Society New York Harcourt - Bracl

Parray , G. (1969) Politische Eliten: London George Alles & Unwin.

Shively, W.P. (2008) Power and Choice: Eine Einführung in die Politikwissenschaft: Eleventh Edition: NewYork   Mc Graw-Hill

The Weekly Star vom 15. Mai 1983

Ubeku, A. K (1991) The social & Economic Foundations of Corruption & other Economic Crimes in Nigeria in Kalu, A. U & Osinbajo, Y (1991) (eds.) Perspectives on Corruption and other Economic Crimes in Nigeria Lagos. Das Bundesministerium für Justiz.

Entwicklungsprogramm der Vereinten Nationen (UNDP) Bericht 1999

Bericht 2009 des Büros der Vereinten Nationen für Drogen- und Verbrechensbekämpfung (UNODC).

Handelsministerium der Vereinigten Staaten; Holland & Hart International Practice Group Trip Mackmtosh; und OECD

Bericht des Justizministeriums der Vereinigten Staaten--------------

USAID, (2006) Bewertung von Demokratie und Regierungsführung in Nigeria

Waziri, AA (1991) Anatomy of Corruption & other Economic Crimes in Kalu, A.
U & Osinbajo, Y (1991) (eds.) Perspectives on Corruption and other
Economic Crimes in Nigeria Lagos. Das Bundesjustizministerium.

Waziri, F. (2009): The Rule of Law and the Challenges of Investigation and
Prosecution of Corruption and Money Laundering (Rechtsstaatlichkeit und
die Herausforderungen bei der Untersuchung und Verfolgung von
Korruption und Geldwäsche), ein Vortrag, der auf dem nigerianischen
Gipfel zur Korruptionsbekämpfung und Finanzkriminalität am 9. und
10. November 2009 gehalten wurde .

Wright, Mills C (1934) Die Machtelite New York Oxford University Press

www.dictionary.com Zugriff am 08.05.2011 um 16:00 Uhr

www.elombah.com abgerufen am 18/08/2013 um 2:48 Uhr

www.hrw.org/news/ Zugriff am 17.08.2010 um 14:00 Uhr

www.imostateblog.com/accessed 2010/08/17 2:00pm

www.jpiwuoha.blogspot.com/ Zugriff 2013/10/12 2:00pm

www.nigershowbiz.com/failed-prosecution-of-ndudi-elumelu-how-
president-goodluck-jonathan-sabotages-corruption-cases/   19/03/2015
08:42 veröffentlicht am Donnerstag, 19. März 2015

www.sk.gov.1b/faq.shtml Zugriff am 30/10/2011 um 8:15 Uhr

www.thegemmige.com Zugriff am 05/08/2011 um 05:46 Uhr

www.transparencyinternational.org Zugriff am 20/06/2012 um 16:00 Uhr

www.vanguardngr.com Zugriff am 20/06/2012 um 16:00 Uhr

ANHANG A

Sahara Reporters berichtet, dass "ein von Ndudi Elumelu geschriebener und an Präsident Goodluck Jonathan adressierter Brief. Das Dokument ist auf den 11. Oktober 2011 datiert und gibt einen Einblick in die Verschwörung auf höchster Ebene, die zum Zusammenbruch der Korruptionsfälle unter Präsident Jonathan geführt hat. In dem Brief zeichnete Elumelu ein Bild der Schikanen durch den verstorbenen Präsidenten Umaru Yar'adua. Elumelu behauptete, der frühere Machthaber sei von einigen Leuten falsch beraten worden, um ihm mit einer Klage zu belasten.

In dem Schreiben heißt es:

"Exzellenz,

Dr. Goodluck Jonathan,

der Präsident und Oberbefehlshaber der

Bundesrepublik Nigeria,

State House, Abuja.

Datiert: Oktober 11,2011

Sehr geehrter Herr,

RE: UNNÖTIGE PROSUKTIONEN VON HON NDIDI ELUMELU & 8 ANDEREN UND VERWENDUNG VON ÜBER 100 Mio. NÖ ÖFFENTLICHEN MITTELN DURCH DIE EFCC.

Zuallererst möchten wir die Bemühungen Ihrer Exzellenz würdigen, das Schiff dieses Landes in die richtige Richtung zu lenken. Wir beten dafür, dass der liebe Gott Ihrer Exzellenz auch weiterhin bei der Lösung der unzähligen Probleme, mit denen unser großes Land konfrontiert ist, beistehen möge.

Eure Exzellenz, wir wurden auf die fortgesetzte Strafverfolgung von Hon Ndudi Elumelu und 8 anderen vor dem Gudu High Court, Abuja (Anklage Nr.: CR/39/2009) und dem Federal High Court, Abuja (Anklage Nr.: FHC/ABJ/CR/87/2009) aufmerksam gemacht. Sir, wir sind uns der Bereitschaft Ihrer Exzellenz, die Rechtsstaatlichkeit zu bewahren und aufrechtzuerhalten und ihr jederzeit Geltung zu verschaffen, durchaus bewußt. Wir sind jedoch der festen Überzeugung, dass es für Seine Exzellenz als amtierenden Präsidenten angemessen ist, die notwendigen Anweisungen zu erteilen, um das Unrecht zu korrigieren, wenn ein Amtsvorgänger, der von eigennützigen Beratern in die Irre geführt wurde, einen falschen Schritt getan hat.

Eure Exzellenz, im November 2008 gab der verstorbene Präsident Yar Adua seine

150

Zustimmung zum Nachtragshaushalt 2008. Der besagte Nachtragshaushalt enthielt Projekte zur ländlichen Elektrifizierung, die von der Rural Electrification Agency (REA) durchgeführt werden sollten. Die Projekte haben zwei Komponenten, nämlich Solarprojekte und Netzausbauprojekte, die in der gesamten Föderation durchgeführt werden sollen.

Sir, die REA erhielt ministerielle Weisungen zur Durchführung der Projekte, und die Projekte wurden im Dezember 2008 an verdienstvolle Auftragnehmer vergeben. Die Solarprojekte sollten innerhalb von sechzig (60) Tagen abgeschlossen werden, was bedeutet, dass die Solarprojekte bis Februar 2009 abgeschlossen sein würden, während die Netzausbauprojekte innerhalb von neunzig (90) Tagen abgeschlossen werden sollten, was bedeutet, dass die Netzausbauprojekte bis März 2009 abgeschlossen sein würden.

Sir, die REA zahlte die anfänglichen 15 % Mobilisierungsgebühren an die Auftragnehmer und die Zahlungen wurden durch Vorauszahlungsgarantiezertifikate (APGS) gesichert. Da die Projekte einen kurzen Fertigstellungszeitraum haben, wurden die 85% des Vertragssaldos an die Bank der Auftragnehmer ausgezahlt und mit Vorauszahlungsgarantiezertifikaten (APGS) abgesichert. Eine Kopie der 15%igen APG und der 85%igen APG für einen der Auftragnehmer ist als Anlage A und B beigefügt, um die Bezugnahme zu erleichtern.

Euer Exzellenz, die REA hat auch ein Schreiben an die Banken verfasst, in dem sie den Banken die Freigabe eines Teils der 85%igen Vertragssumme untersagt, bis die Projekte abgeschlossen sind und die Banken von der REA die schriftliche Anweisung erhalten haben, das besagte Geld auszuzahlen. Eine Kopie dieses Schreibens ist beigefügt und als Anlage C gekennzeichnet.

Eure Exzellenz, in der Geschichte der ländlichen Elektrifizierung in diesem Land wurde der Erfolg der REA bei der Durchführung der Projekte von keinem anderen Ministerium übertroffen. Die Auftragnehmer waren zufrieden und konzentrierten sich mit Nachdruck auf die Projekte, nachdem sie die Zusicherung erhalten hatten, dass sie nach Fertigstellung bezahlt werden.

Bedauerlicherweise wurde der verstorbene Präsident Yar Adua falsch informiert, dass Beamte der REA mit dem ehrenwerten Ndudi Elumelu und anderen Mitgliedern der Nationalversammlung zusammenarbeiteten, um die besagten 85 % des Vertragssaldos abzuschöpfen. Der verstorbene Präsident wurde nicht ordnungsgemäß informiert, bevor er im Mai 2009 die Strafverfolgung der Angeklagten durch die EFCC genehmigte.

Eure Exzellenz, es ist sehr besorgniserregend, dass im Mai 2009, als die Angeklagten vor

Gericht angeklagt wurden, von vierzig (40) Solarprojekten achtzehn (18) Projekte abgeschlossen waren, während sechzig (60) Projekte von einhundertdreizehn (113) Netzausbauprojekten, die von der REA vergeben wurden, abgeschlossen waren.

Exzellenz, drei Monate nachdem die Angeklagten vor Gericht angeklagt wurden, bestätigte die EFCC-Vorsitzende, Frau Waziri, in ihrem Schreiben vom 18. August 2009, dass einige der Projekte von Mitarbeitern dieser Kommission inspiziert wurden und diese feststellten, dass die Projekte in einigen Fällen bereits abgeschlossen sind, während einige noch laufen. Eine Kopie des besagten Schreibens ist als Anlage D beigefügt.

Eure Exzellenz, im April 2011 schrieb das Bundesministerium für Energie zwei Schreiben zu den Projekten. Das erste Schreiben richtete sich an jeden Auftragnehmer in Form einer Bescheinigung über die Fertigstellung der Arbeiten, während das zweite Schreiben eine Anweisung an die Banken enthielt, den Auftragnehmern die in ihrem Besitz befindlichen 85 % des Vertragssaldos auszuzahlen. Kopien der beiden Schreiben sind beigefügt und als Anlage E bzw. F gekennzeichnet.

Eure Exzellenz, bitte erlauben Sie uns, folgende Frage zu stellen. Wenn Hon Ndidi Elumelu und andere Beschuldigte die 85 % des Vertragssaldos abgezweigt haben, wie von der EFCC behauptet, woher hat dann das Bundesministerium für Energie das Geld, das an die Auftragnehmer gezahlt werden sollte?

Euer Exzellenz, das EFCC-Schreiben vom 18. August 2009 (Anlage D) und die beiden Briefe des Bundesministeriums für Energie vom 18. April 2011 (Anlagen E und F) reichen aus, um zu zeigen, dass es keine rechtlich oder moralisch vertretbaren Gründe gibt, diese Strafverfolgung fortzusetzen, wenn kein Geld verloren gegangen ist oder gestohlen wurde oder fehlt, die Projekte bereits abgeschlossen sind und die Gemeinden von den Energieprojekten profitieren. In anderen Ländern würde die Staatsanwaltschaft die Schande auf sich nehmen und den Mut aufbringen, dem ehrenwerten Gericht mitzuteilen, dass die Staatsanwaltschaft angesichts des Inhalts des besagten EFCC-Schreibens (Beweisstück D) und der beiden Schreiben des Bundesministeriums für Energie (Beweisstücke E und F) kein Interesse mehr an der Fortsetzung des Verfahrens hat. Dies geschah vor kurzem in den Vereinigten Staaten, als der Bezirksstaatsanwalt von Manhattan und die New Yorker Staatsanwaltschaft beantragten, die Anklage gegen den ehemaligen geschäftsführenden Direktor des IWF, Herrn Strauss Khan (DSK), fallen zu lassen, nachdem sie Widersprüche in den Aussagen des angeblichen Vergewaltigungsopfers entdeckt hatten.

Eure Exzellenz, es ist unser bescheidener Appell, dass die fortgesetzte Verfolgung dieses

Falles die mageren Ressourcen dieses Landes auffrisst. Wir haben aus guter Quelle erfahren, dass der von der EFCC beauftragte Privatankläger neben anderen Ausgaben die Summe von N100 Mio. (hundert Millionen Naira) erhält. Mit dieser riesigen Summe könnten Solarprojekte in einigen Gemeinden, die in der Dunkelheit leben, finanziert oder die Gesundheitsversorgung zahlreicher Gemeinden und Dörfer sichergestellt werden.

Sir, die Frage, die sich uns stellt, ist ganz einfach. Warum müssen wir hart verdientes Geld der Steuerzahler verschwenden, um einen Fall zu verfolgen, bei dem es ganz offensichtlich ist, dass die EFCC angesichts ihres eigenen Schreibens (Anhang D) und der beiden Schreiben des Bundesministeriums für Energie (Anhang E und F) keine Verurteilung erreichen kann? Es gibt noch weitere Fragen, aber wir müssen die wertvolle Zeit Ihrer Exzellenz sparen.

In Anbetracht der vorstehenden Ausführungen bitten wir Ihre Exzellenz dringend, Folgendes zur Kenntnis zu nehmen:

(a) Dass die beiden gegen Hon Ndudi Elumelu und 8 weitere Personen vor dem Gudu High Court (Abuja) und dem Federal High Court (Abuja) anhängigen Verfahren im Zusammenhang mit den von der Rural Electrification Agency (REA) vergebenen Projekten zur Elektrifizierung des ländlichen Raums, die im Rahmen des Berichtigungshaushalts 2008 vorgesehen waren, von Auftragnehmern durchgeführt wurden und Gemeinden zugute kommen, die bereits in den Genuss der Projekte gekommen sind, unbegründet sind und eine Verschwendung öffentlicher Mittel darstellen.

Und bitten demütig um Folgendes:

(a) dass der Generalstaatsanwalt der Föderation und der Justizminister angewiesen werden, die Anklagen gegen alle Angeklagten in den beiden genannten Fällen am Gudu High Court, Abuja (ANKLAGE NR.: CR/39/2009 & *CR/39A/2011) und am Federal High Court, Abuja (ANKLAGE NR.: FHC/ABJ/CR/87/2009) aus Gründen des öffentlichen Interesses gemäß Abschnitt 174 (1) (c) der Verfassung von 1999 zurückzuziehen .*

(http://nigershowbiz.com/failed-prosecution-of-ndudi-elumelu-how-president-goodluck-jonathan-sabotages-corruption-cases/)

ANHANG B

Charles (2006) zitiert die E-Mail der Ehefrau des verstorbenen Generals Sani Abacha, in der es heißt: "Ich bitte um Unterstützung;

"Es ist mir eine große Freude, Sie zu kontaktieren. Ich bin Frau Mariam Abacha, Witwe des ehemaligen nigerianischen Militärpräsidenten, der 1998 unter mysteriösen Umständen an einem Herzinfarkt starb. Ich habe beschlossen, mich mit Ihnen in Verbindung zu setzen, damit wir günstige Handelsbedingungen für die Möglichkeit vereinbaren können, einige Familienklänge in Ihren Besitz zu bringen. Seit dem Tod meines Mannes darf sich unsere Familie aufgrund der Feindschaft zwischen General Abacha und dem derzeitigen zivilen Präsidenten nicht mehr frei bewegen. Infolgedessen wurden unsere gemeinsamen Bankkonten hier in Nigeria und im Ausland auf sehr bösartige Weise eingefroren. Insgesamt hat unsere Familie durch die eingefrorenen Konten über 2 Milliarden Dollar verloren.

All diese Verluste waren hauptsächlich darauf zurückzuführen, dass wir diese Konten fälschlicherweise unter dem Namen der Familie Abacha geführt haben, was es den Behörden ermöglichte, diese Gelder ausfindig zu machen.

Wir bitten Sie um Ihre dringende Unterstützung bei der Überweisung des Geldes auf Ihr Privat- oder Firmenkonto in einem Land, in dem Sie das Geld für sicher halten. Bitte setzen Sie sich mit meinem persönlichen Vertreter in Verbindung, der die Überweisung des Geldes veranlassen wird. Bitte behandeln Sie diesen Brief streng vertraulich, denn außer mir, meinem Sohn Mohammed und Ihnen selbst weiß niemand von diesem Geld. Möge Gott Sie segnen, wenn Sie uns in dieser schwierigen Zeit helfen.

Frau Mariam.S. Abacha"